四特 教育系列丛书 SITEJIAOYUXILIE

学校文化建设与管理创新

《"四特"教育系列丛书》编委会　编著

吉林出版集团股份有限公司

全国百佳图书出版单位

图书在版编目 (CIP) 数据

学校文化建设与管理创新／《"四特"教育系列丛书》编委会编著 . —长春：吉林出版集团股份有限公司，2012.4

（"四特"教育系列丛书／庄文中等主编 . 学校文化建设与文娱活动策划组织）

ISBN 978-7-5463-8597-6

I. ①学… Ⅱ . ①四… Ⅲ . ①中小学－校园文化－建设 Ⅳ . ① G637

中国版本图书馆 CIP 数据核字（2012）第 042055 号

学校文化建设与管理创新
XUEXIAO WENHUA JIANSHE YU GUANLI CHUANGXIN

出 版 人	吴　强	
责任编辑	朱子玉　杨　帆	
开　　本	690mm × 960mm　1/16	
字　　数	250 千字	
印　　张	13	
版　　次	2012 年 4 月第 1 版	
印　　次	2023 年 2 月第 3 次印刷	

出　　版	吉林出版集团股份有限公司
发　　行	吉林音像出版社有限责任公司
地　　址	长春市南关区福祉大路 5788 号
电　　话	0431-81629667
印　　刷	三河市燕春印务有限公司

ISBN 978-7-5463-8597-6　　　　　定价：39.80 元

前　言

学校教育是个人一生中所受教育最重要组成部分,个人在学校里接受计划性的指导,系统地学习文化知识、社会规范、道德准则和价值观念。学校教育从某种意义上讲,决定着个人社会化的水平和性质,是个体社会化的重要基地。知识经济时代要求社会尊师重教,学校教育越来越受重视,在社会中起到举足轻重的作用。

"四特教育系列丛书"以"特定对象、特别对待、特殊方法、特例分析"为宗旨,立足学校教育与管理,理论结合实践,集多位教育界专家、学者以及一线校长、老师们的教育成果与经验于一体,围绕困扰学校、领导、教师、学生的教育难题,集思广益,多方借鉴,力求全面彻底解决。

本辑为"四特教育系列丛书"之《学校文化建设与文娱活动策划组织》。

校园文化是学校本身形成和发展的物质文化和精神文化的总和。由于学校是教育人、培养人的社区,因而校园文化一般取其精神文化之含义。即学校共同成员在学校发展过程中,逐步形成的包括学校最高目标、价值观、校风、传统习惯、行为规范和规章制度在内的精神总和。

良好的校园文化环境是学生积极参与和悉心建设的结晶,也是实现素质教育、造就优秀人才的一个不可或缺的重要条件。因此,加强学校文化阵地的建设与组织活动策划是一项非常系统性的工程。学校文化阵地建设是学校文化的重要窗口,学校文化组织的策划则是学校实施素质教育和精神文明建设的重要组成部分,这两样都是学生成长成才的内在需要,更是推进学校教育工作的重要载体。

文化娱乐活动是文化体育娱乐活动的简称,其娱乐性、趣味性、知识性和多元化结合的特点是广大读者学习之外追求的一种健康生活情趣。

学校的文化娱乐活动项目包括音乐、美术、舞蹈、文学、语言、曲艺、戏剧、表演、游艺等多方面内容,广大青少年同学在课余时间通过参加多种形式的文化娱乐活动,能够达到开阔视野、陶冶情操、增长才智、提高能力、沟通人际、适应社会以及改善知识结构,掌握实用技能等效果。在这些文化娱乐活动中,他们通过接受不同形式、不同内容的有益教育,能够受到潜移默化的作用,从而达到提高思想、文化和身体的综合素质,这对造就和培养有理想、有道德、有纪律、有文化、适应时代腾飞的新一代人才有着十分重要的作用。

为了适应青少年发展的需要,营造良好的校园文化环境,为校园文化娱乐活动的组织策划提供良好的指导,我们特地编辑了这套书从学校的实际情况出发,以育人为根本目标,坚持先进文化的方向,从音乐、绘画、表演、游艺等方面重点对学生的基础知识和操作能力进行训练,努力使他们在娱乐中学到知识,在欢笑中陶冶情趣,并通过系统的训练和比赛,使他们的智力得到开发、知识结构得到改善,最终达到新课标要求的培养高素质的合格人材的目标。

本辑共20分册,具体内容如下:

1.《学校文化建设与管理创新》

校园文化重在建设,它包括物质文化建设、精神文化建设和制度文化建设,这三个方面建设的全面、协调的发展,将为学校树立起完整的文化形象。加强学校文化阵地的建设与组织活动策划是一项非常系统性的工程。本书对学校文化建设的组织管理与创新策划进行了系统而深入的阐述，体例科学，内容全面，具有很强的系统性、实用性、实践性和指导性。

2.《把图书馆打造成传播知识的圣地》

加强学校图书馆建设，对激发学生学习的积极性以及提高学生的整体素质有着重要的作用与意义。本书对学校图书馆的建设与管理进行了系统而深入的阐述，体例科学，内容全面，具有很强的系统性、实用性、实践性和指导性。

3.《环境与安全文化建设》

校园安全文化是校园文化的重要组成部分，学校安全文化建设水平的高低已成为学校核心竞争力的基本内容之一。所谓校园安全文化是将学校安全理念和安全价值观表现在决策和管理者的态度及行为中，落实在学校的管理制度中，将安全管理融入学校整个管理的实践中，将安全法规、制度落实在决策者、管理者和师生的行为方式中，将安全标准落实在教育教学过程中，由此构成一个良好的安全建设氛围，通过安全文化建设，影响学校各级管理人员和师生的安全自觉性，以文化的力量保障学校财产安全和师生人身安全。学校安全文化有四个层次。即：安全观念文化、安全行为文化、安全制度文化和安全物质文化。它们相互作用，相互促进。

4.《把学校建设成传播文化的阵地》

作为中国特色社会主义文化阵地重要组成部分的学校，在中华文化面临挑战和发展的机遇之际，应该承担时代赋予的使命，通过教育创新，传承文明，创造先进文化，培养和谐发展的高素质创新人才来促进社会的发展，实现中华民族的伟大复兴。本书对学校文化阵地的建设与管理进行了系统而深入的阐述，体例科学，内容全面，具有很强的系统性、实用性、实践性和指导性。

5.《知识类活动组织策划》

文化知识类活动课是一门全新的课程，就其根本意义来说是为了提高学生的素质，而要做到这一点，必须对文化知识类活动课加强有效的科学的管理。尽管各科活动课教学目标是有弹性、较为宽泛的，但总的教育目标应十分明确，那就是有利于学生主体精神的体现；有利于对学生的分析问题和解决问题的能力培养；有利于活动成功学生的自我认识；有利于学生个性的发展，管理工作不能偏离这一目标。本书对学校知识类活动的组织策划进行了系统而深入的阐述，体例科学，内容全面，具有很强的系统性、实用性、实践性和指导性。

6.《科普活动组织策划》

科技教育是拓展学生知识面的重要平台，是培养学生自主创新的首要手段，在学生成长过程中已显现出越来越大的不可替代的作用，而学校重视科技教育，则可以让学校的重视学生全面发展的教师和学生在校园里都能有自己的发展空间。如果能够切实的从以上各个环节落实科学实践活动的开展，就可以在全校掀起一股学科学、做科学、用科学的热潮，使学生科学素养得到普遍提高，在落实了普及科学的目标的同时也提升了学校科学教育的质量。本书对学校科普活动的组织策划进行了系统而深入的阐述，体例科学，内容全面，具有很强的系统性、实用性、实践性和指导性。

7.《收藏活动组织策划》

中国文化艺术几千年源远流长的历史，也凝聚着文艺收藏的风云沧桑。社会文明的整体进步，在促进文艺创作繁荣的同时，也推动文艺收藏的蓬勃发展。收藏可以陶冶情操、修身养性，它要求收藏者具备理性的经济头脑的同时，还要有很好的艺术的修养。收藏者在收藏的过程中，潜移默化地将自己培养成理性和感性结合得相当和谐的现代人。本书对学校收藏活动的组织策划进行了系统而深入的阐述,体例科学,内容全面,具有很强的系统性、实用性、实践性和指导性。

8.《联欢庆祝活动组织策划》

联欢活动是指单位内部或单位之间组织的联谊性质的文娱活动。通常是为了共同庆贺某一重大事件,或者在某一节日、某一重大活动完毕之后举行。联欢活动一般以聚会的形式进行,所以又称联欢晚会。本书对学校联欢活动的组织策划进行了系统而深入的阐述,体例科学,内容全面,具有很强的系统性、实用性、实践性和指导性。

9.《行为文化活动组织策划》

行为文化是指人们在生活、工作之中所贡献的、有价值的,促进文明、文化以及人类社会发展的经验及创造性活动。本书对学校行为文化活动的组织策划进行了系统而深入的阐述,体例科学,内容全面,具有很强的系统性、实用性、实践性和指导性。

10.《文娱演出活动组织策划》

演出是指演出单位或个人在特定的时间特定的环境下所举办的文艺表演活动。由于演出经过长期的发展与各地的差异,目前主要包括电影展演、音乐剧、实景演出、演唱会、音乐会、话剧、歌舞剧、戏曲、综艺、魔术、马戏、舞蹈、民间戏剧、民俗文化等种类。本书对学校娱乐体育活动的组织策划进行了系统而深入的阐述,体例科学,内容全面,具有很强的系统性、实用性、实践性和指导性。

11.《音乐项目活动组织策划》

音乐是一种抒发感情、寄托感情的艺术,它以生动活泼的感性形式,表现高尚的审美理想,审美观念和审美情趣。音乐在给人以美的享受的同时,能提高人的审美能力,净化人们的灵魂,陶冶情操,提高审美情趣,树立崇高的理想。本书对学校音乐项目活动的组织策划进行了系统而深入的阐述,体例科学,内容全面,具有很强的系统性、实用性、实践性和指导性。

12.《美术项目活动组织策划》

美术作为美育的主要手段的途径,它的主要任务不仅仅是传授美术知识,也不仅仅是美术技能的训练,而是通过学生内心达到审美状态,良好心理得到培养和发展,不良心理受到疗治和矫正,使各种心理功能趋于和谐,各种潜能协调发展,最后达到提高人的生存价值,体验与实现美好人生的目的。本书对学校美术项目活动的组织策划进行了系统而深入的阐述,体例科学,内容全面,具有很强的系统性、实用性、实践性和指导性。

13.《舞蹈项目活动组织策划》

舞蹈能够促进少年儿童的生长发育,改善少年儿童的形体,带来艺术气质和形体美,有利于提高少年儿童的生理机能,提高少年儿童的身体素质,促进少年儿童的心理健康发展,还能够培养少年儿童的人格魅力。本书对学校舞蹈项目活动的组织策划进行了系统而深入的阐述,体例科学,内容全面,具有很强的系统性、实用性、实践性和指导性。

14.《器乐项目活动组织策划》

贝多芬曾说:"音乐能使人类的精神爆发出火花。音乐比一切智慧、哲学有更高的启示。"作为素质教育的民乐教学,更突出将学生的全面发展放在首要的地位,使之形成具有显著办校特色的办学指导思想,为学校的全面发展做出了贡献,取得了满意的效果。本书对学校器乐项目活动的组织策划进行了系统而深入的阐述,体例科学,内容全面,具有很强的系统性、实用性、实践性和指导性。

15.《语言项目活动组织策划》

加强学校文化阵地的建设与组织活动策划是一项非常系统性的工程。学校文化阵地建设是学校文化的重要窗口,学校文化组织的策划则是学校实施素质教育和精神文明建设的重要组成部分。本书对学校语言项目活动的组织策划进行了系统而深入的阐述,体例科学,内容全面,具有很强的系统性、实用性、实践性和指导性。

16.《曲艺项目活动组织策划》

曲艺是中华民族各种"说唱艺术"的统称,它是由民间口头文学和歌唱艺术经过长期发展演变形成的一种独特的艺术形式。曲艺演员必须具备坚实的说功、唱功、做功和高超的摹仿力,演员只有具备了这些技巧,才能将人物形象刻划得维妙维肖,使事件的叙述引人入胜,从而博得听众的欣赏。本书对学校曲艺项目活动的组织策划进行了系统而深入的阐述,体例科学,内容全面,具有很强的系统性、实用性、实践性和指导性。

17.《戏剧项目活动组织策划》

戏剧的表演形式多种多样,常见的包括话剧、歌剧、舞剧、音乐剧、木偶戏等,是由演员扮演角色在舞台上当众表演故事情节的一种综合艺术。戏剧情节、歌唱和舞蹈这三者的复杂结合,使中国戏曲具有独特的风格和一系列艺术上的特点。本书对学校戏剧项目活动的组织策划进行了系统而深入的阐述,体例科学,内容全面,具有很强的系统性、实用性、实践性和指导性。

18.《表演项目活动组织策划》

表演指演奏乐曲、上演剧本、朗诵诗词等直接或者借助技术设备以声音、表情、动作公开再现作品。加强学校文化阵地的建设与组织活动策划是一项非常系统性的工程。本书对学校表演项目活动的组织策划进行了系统而深入的阐述,体例科学,内容全面,具有很强的系统性、实用性、实践性和指导性。

19.《棋牌项目活动组织策划》

棋牌是对棋类和牌类娱乐项目的总称,包括中国象棋、围棋、国际象棋、蒙古象棋、五子棋、跳棋、国际跳棋(已列入首届世界智力运动会项目)、军棋、桥牌、扑克、麻将等等诸多传统或新兴娱乐项目。棋牌是十分有趣味的娱乐活动,但不可过度沉迷于其中。本书对学校棋牌项目活动的组织策划进行了系统而深入的阐述,体例科学,内容全面,具有很强的系统性、实用性、实践性和指导性。

20.《游艺项目活动组织策划》

游艺是一种闲暇适意的生活调剂。其中既有节令性游乐活动,也有充满竞技色彩的对抗性活动,更多的则是不受时间、地点、条件制约的随意方便的自娱自乐活动。其中有的继承性极强,规则较严格;有的则是无拘无束的即兴自娱;有的干脆是一种与生产紧密结合的小型采集和捕捉活动。这些丰富多彩的民间游艺活动使得广大劳动人民特别是青少年无论在精神生活、智力开发还是身体素质诸方面得到有益的充实和锻炼,也成为最普及的农村文化活动形式。本书对学校游艺项目活动的组织策划进行了系统而深入的阐述,体例科学,内容全面,具有很强的系统性、实用性、实践性和指导性。

由于时间、经验的关系,本书在编写等方面,必定存在不足和错误之处,衷心希望各界读者、一线教师及教育界人士批评指正。

编者

目 录

第一章

学校文化建设的概述

1. 校园文化的涵义

文化的概念

毋庸置疑，学校是一个传播文化的场所。因此，自学校产生以来，它就与文化结下不解之缘。但是，从这一意义上所讲的文化主要是作为学校教育内容的文化。从学校管理研究的角度来看，学校本身就是一个文化载体，学校管理过程实际上是一个学校文化的形成。维护与发展的过程。

"文化"大概是世界上产生歧义最多的概念之一。早在 1952 年，美国学者克卢伯和克拉克洪就曾搜集当时能够搜集到的 164 种不同的文化定义，并加以深入分析。时至今日，人们对于文化的不同解释更是汗牛充栋。

最早的文化定义是英国学者泰勒于 1871 年在其所著《原始文化》中提出来的，泰勒认为：文化"是一个复杂的整体，它包括知识、信仰、艺术、道德、法律、风俗以及作为社会成员的人所具有的其他一切能力和习惯。"泰勒的文化定义在文化学研究历史上曾起过重要作用，但它本身也存在着偏颇之处，例如它本身的描述性，以及在列举构成文化的诸要素时并没有把十分重要的物质文化涵盖其中。这以后，人们对文化概念做出各种各样的解释。克卢伯和克拉克洪在分析了众多文化概念之后，认为："文化是指借助符号获得有关交流的各种明确的和模糊的行为模式，它构成了人类群体的各项成果，包括文化的成就；文化的基本核心是传统（即经过历史的演变和选择而保留下来的）观念，尤其是附属于观念的价值；文化系统一方面是行为产品，另一方面又是构成远期行为的必要条件。""文化"一词，源于拉丁文"cultura"，后者又是由"cultus"演化而来的，两个词都与耕作、培养、教育、敬神等活动有关。也就是说，从文化一词的同源学意义来看，含有人类物质活动与精神活动两方面的内涵。在这个意义上讲，"文化"与"自然"相对，是人类物质生产与精神生产活动及其产品的总和。有的研究者把文化限于人类的精神生产领域，实际上，在物质生产领域，物质生产方式等具有很强的社会性，亦同样带有深刻的文化特征，是人类文化的重要方面。

由于对文化概念的不同理解，人们对文化的构成要素的认识也不尽一致。这里仅依据两种可资参照的框架进行分析。我国学者司马云杰依据马克思、恩格斯关于历史科学可以从自然史与人类史两方面进行考察的学说，认为文化包括自然史领域产生的文化（第一类文化）和人类史领域产生的文化（第二类文化）两大类，其中，第一类文化又包括智能文化（科学、技术、知识等）与物质文化（房屋、器皿、机械等）两类，第二类文化则包括规范文化（社会组织、制度、政治和法律形式、伦理、道德、风俗、习惯、语言、教育等）与精神文化（宗教、信仰、审美意识、文学、艺术等）两类。日本筑波大学的教育研究者依据两维的分类标准，认为文化主要由行为—作用体系、价值—规范体系、语言—符号体系、信仰—观念体系、知识—技术体系构成。相比之下，日本学者的这一分析舍弃了司马云杰分类中的物质文化层面。但对除物质文化以外的其他文化构成要素的分析却较为具体和详细，具有一定的合理性。这些解释，都有助于我们认识和分析文化内涵的丰富性。

由此可见，"文化"概念兼有"物质"与"精神"、"有形"与"无形"、"静态"与"动态"等多重属性，物质文化往往与各种各样具体的人工制品有关，精神文化则指人的思想、观念、行为模式、价值等。有时，精神文化需要通过一定的物质载体来表现；物质文化是有型的，精神文化既有无形的思想、意识等观念形态的东西，有时也包括那些体现精神文化的有形的实体。诸多文化都以静态的形式呈现出来，但人的思想意识是不断发展的，特别是当我们将人类的社会行为纳入到文化范畴以后，更增进了文化的动态性。文化的发展是一个不断选择、不断积累的过程，文化是区别不同社会以及不同社会组织的主要特征。

校园文化的涵义

自从20世纪80年代，"思想文化热"在我国空前繁荣以来，我国学者从不同视角、不同侧面、不同层次，对校园文化概念作了种种界定，出现了"社区说"、"氛围说"、"补充说"、"教育说"、"启蒙说"等等不同观念，这些校园文化说，受我国独特的政治经济文化背景的影响，与西方学者所研究的"学校文化"在内涵上有着较大差异。

简而言之，学校文化是一个内涵较为丰富的概念，既包括隐含在学校教育教学现象背后的意识、价值、态度，是观念形态的东西，也包括能够体现这些观念的现象与活动。尽管有的学者所使用的"校园文化"概念几乎是"学校文化"概念的同义语，但是，在大多数情况下，人们使用"校园文化"一语的内涵要窄得多，往往指反映学校价值的外在的现象，有时甚至变为学校校园环境的代名词，而且，人们通常将"校园文化"与"建设"两字联起来使用，从而使校园文化又体现为"活动"的性质。这里，我们所说的校园文化在内涵上要宽泛一些，与学校文化内涵是一致的。

早在1932年，美国学者华勒在其所著《教学社会学》一书中就提出了"学校文化"一词。华勒给"学校文化"下的定义是："学校中形成的特别的文化。"我国台湾学者林清江在其《教育社会学新论》中把"学校文化"定义为："学校中各组成分子所构成的价值及行为体系。"我国学者朱颜杰认为："所谓学校文化，是指一所学校内部所形成的为其成员共同遵循并得到同化的价值观体系、行为准则和共同的作风的总和。"我国学者安文铸则使用了"校园文化"概念,强调学校文化的"校园"地域特性,认为"中小学校园文化是指以中小学校园为地理环境圈,以社会文化为背景,以学校管理者和全体师生员工组成的校园人为主体,在学校教育、学习、生活、管理过程中的活动方式和活动结果。这种方式和结果以具有校园特色的物质形式和精神形式为其外部表现并影响和制约着校园人的活动与校园人的发展。"并认为:"这一界定反映了文化的普遍存在性、全面包容性、主客体统一性、动态发展性,特别是揭示了校园文化的本质意义在于影响和制约校园人的发展。"

综合以上种种定义,我们认为:校园文化指的是:学校在长期的教育实践和与各种环境要素的互动过程中创造和积淀下来并为其成员认同和共同遵循的信念、价值、假设、态度、期望、故事、轶事等价值观念体系,制度、程序、仪式、准则、纪律、气氛、教与学的行为方式等行为规范体系,以及学校布局、校园环境、校舍建设、设施设备、符号、标志物等物质风貌体系。校园文化是各种文化要素的相互整合的产物,是一学校区别于其他学校的重要特征。

2. 校园文化的结构

从不同角度给校园文化定义,校园文化就有不同的构成要素。

校园文化有主流文化与亚文化之分。所谓主流文化,指的是为大多数组织成员所共同认同并坚持的核心价值观,在规模较大的学校组织中,与主流文化同时并存为一部分成员所拥有的文化便是亚文化。

我们在这里所谈的校园文化是针对主流文化而言的。

我国台湾学者林清江认为，校园文化包括以下六个方面：

教师文化

教师是学校组织体系中的领导者，其价值观念及行为方式对学校文化影响甚大。教师文化呈现三种相互对立的形态，分别是学术中心（长于研究拙于教学）与教学中心（重视教学忽视科研）的对立；专业取向（将教师工作看作是自己一生的专业追求）与职业取向（将教师工作仅仅视为谋生的职业）的对立；教学者与学习者的对立。哈格里弗斯则认为，教师文化有四种不同的形态，即个人的文化：教师彼此隔离，其主要精力用于处理自己课堂事务；分化的文化：教师的工作彼此分立，有时会因为权力与资源而相互竞争；合作的文化：这种文化建立在教师之间的开放、互信和支持基础上；人为的合作文化：教师被要求围绕行政人员的意图与兴趣（这些意图与兴趣往往是在其他地方形成的）进行"合作"。个人的文化与分化的文化是学校中较为常见的教师文化；人为的合作文化则给人以合作的假象；唯合作的文化既有助于教师的专业发展，也有利于学校文化的整体发展，是一种理想形态的文化。

学生文化

学生是学校教育的对象，学生的价值观念及行为方式不仅受社会文化的影响，而且，由于学生正处于身心发展的特殊阶段，所以学生文化具有独特的特征与性质；学生在班级和学校的生活或活动中，同辈团体相互影响，共同形成特殊的价值观念与行为方式，并成为学校文化的重要方面。

行政人员文化

学校行政人员文化具有潜在文化和非显著文化的性质，一般说来，行政人员的潜在文化与学校主流文化部分相符，有些行政人员对学生的态度或关系，与教师的专业态度或关系不同，因而产生不利于学生发展的影响。因此，学校行政人员文化对于学校事务的解决、对于学生的发展等都会产生深刻的影响。

社区文化

学校所处的社区的文化是学校的外部环境，对学校发展影响甚大，它主要通过两种途径来影响学校教育：一是社区环境影响学生思想与行为；二是社区环境直接影响学校教育教学活动与措施。

学校物质文化

学校所处的物质环境、校地大小、建筑设备、庭园布置等，都属于学校物质文化的范围，也是构成整体校园文化的重要因素。学校物质文化对学生的心理发展、价值观念与态度、学习方式等都会产生很大影响，学校的文化传统往往可以借学校物质文化予以保存与传递。

学校制度文化

学校中的传统、仪式、规章与制度，都是学校的文化规范。在学校生活中，学校的文化传统不论合理与否，都会通过学生的同辈团体、班级、年级等代代相传；学校在学习、运动与生活方面的仪式是学校文化的象征，对学生的学习与发展有着深刻影响；相比之下，学校规章制度比学校仪式更具强制性，适宜的学术传统及教育期望，均已融入学校的各种规章之中，成为约束学生行为的规范体系。

还有的学者认为校园文化包括以下五个方面：

（1）成就目标与成就意识。学校要有符合时代特征、又有个性特点的成就目标。根据各个学校条件、目标大小及水平高低会有所区别，但是否具有进取、革新精神则是重要的文化标识。同时，学校是否鼓励成员的成就意识，工作气氛是否以教育和学术研究为重心，以及日常活动中是否培养勤奋、严谨的作风等等，都是校园文化的基本内容。

（2）成员对学校目标的认同程度及由此所体现的组织凝聚力。包括师生员工与组织目标保持一致的程度，承认学校团体利益高于个人利益、愿为学校发展付出努力与代价的程度。这一指标的直接感性体现是学校员工与领导之间的相互关系。

（3）对人的关注。管理者普遍对人的本性抱有一种什么样的哲学观；教师普遍具有什么样的学生观；是否尊重每个人的人格，对所有人都公正无私，一视同仁；是否对有缺点的人抱有宽容、帮助的态度；是否真正认可师生员工的主动精神，尊重他们的民主权利。

（4）对控制的态度与操作。控制是用于监督和约束学生与教职工行为使之符合规定要求的管理行为，控制在不同的组织、任务和对象面前是有不同要求的。控制的文化冲突表现在如何处理执行制度与关怀人、尊重人、促进人的发展的关系上。

（5）学校与社会环境的关系。学校是否勇于承担应负的社会责任，将公众利益放在首位；是否具有开放的态度，有远见地适应环境变化，不断对自己进行革新。

这两项研究就是从不同层面、不同角度对校园文化的内涵作的阐述，就阐述的每一方面内容，对校园文化的构成均有十分重要的意义，可以给学校管理者管理日常工作以借鉴。

3. 校园文化的性质

由于众人对校园文化的定义是从不同层面、不同角度、不同侧面来阐述的，由此，反映出校园文化的性质也迥然各异，这里结合我国中小学校园文化发展的实际情况，论述一下校园文化的性质。

校园文化的亚文化性

作为社会子系统的学校无时无刻不处于社会政治经济文化的影响之下，社会政治、经济、文化领域的任何变革都会迅速地反映到学校文化中来，同时，学校文化也在不断地批判、选择、接受、传递社会的主流文化，因此，学校文化与社会的主流文化密切相关，与社会主流文化相比，学校文化处于亚文化的地位，学校文化反映了社会主流文化的基本精神。此外，学校组织的特殊目的和功能及其成员构成的特殊性都显现出校园文化与社会文化迥然不同的特点。校园文化的这种特殊性表现在两个层面：一方面，由于学校教育是为未来社会培养人才，校园文化不可能认同现存的全部社会文化，而必须依据学校教育自身的原则对社会文化做出选择；另一方面，学生是校园文化形成与发展过程中的重要群体，作为成长发展中的年轻一代，他们所形成的文化往往具有鲜明的特点，例如它的时尚性、超前性等等，这些都不同于成人文化。

学校组织文化的综合性

我国台湾学者林清江认为：校园文化包括教师文化、学生文化、行政人员文化、社区文化、学校物质文化、学校制度文化等诸多层面，从某种意义上讲，校园文化是这些文化构成要素的综合和融合。从文化的主体来看，校园文化主要包含三个层面，即社区文化、教师文化（含行政人员的文化）和学生文化。学校的社区文化来自于学校之外，传递着社会的价值与观念，学校的传统、教学内容及行政管理无不深受国家和社区价值观与文化模式的影响；学校的教师文化在一定程度上是社会主流文化的代表，同时也是学校传统以及学校所倡导的主流文化的代表；学校的学生来自于不同的社会阶层与群体，具有不同的文化背景，因此，学生文化本身在一定程度上就是各种文化的交融。校园文化不是单一类型的，并非所有师生都信守同一价值观念或在同一活动中表现同样行为方式。校园文化的这种综合性也决定了它的多样性，在学校组织中，既有为大多数人所遵循的"主流文化"，同时也存在为少数人所拥有的"非主流文化"，虽然我们所谈论的校园文化，一般是指校园文化中的主流文化，但是，非主流文化的作用和影响也不可忽视。

校园文化的整合性

校园文化的整合性是从校园文化形成与发展的动态过程来看待校园文化，校园文化所表现出的综合性，即校园文化的形成与发展过程是教师文化与学生之间的冲突与和谐、对立与统一的过程。教师群体与学生群体是学校中的两大主要成员，但两者在价值观念、行为模式以至内在的期望等方面都有着不小的距离，因此，学校中的文化冲突现象十分普遍。美国学者华勒在分析这种对立的现象时指出："权威操在教师手中，教师永远胜利。事实上，教师必须获胜，否则无法继续担任教师。"他指出，教师可以合理而适当地运用权威使文化冲突变为文化整合，但是，每一次文化整合之后，新的文化冲突又会发生，教师仍须运用其权威，实现进一步的整合。由此，校园文化就是这样一个不断地冲突与整合的过程，而正是在这样一个不断的冲突与整合过程中，校园文化发挥着对年轻一代的教育功能。

校园文化的合目的性

尽管校园文化客观上受到社会文化的影响，但学校的领导人和广大教师总是有意识地维护和改造着校园文化，使之反映学校教育的理想与办学目标，体现出校园文化的合目的性。仔细研究校园文化的构成，我们会发现，校园文化由两部分构成，一是自然形成的文化，这类文化既有积极因素也有消极因素；二是学校领导者与广大教师有意识有目的地努力形成的文化。换言之，学校的教育者总是努力发挥校园文化中的积极因素的作用，而尽量消除那些消极因素对于年轻一代的影响，从而使学校组织成为一个理想的文化环境。此外，当学校教育的理念发生变化时，学校教育者也总是有意识地改造学校文化，使之符合先进的教育理念，进而言之，倘若学校文化失去了合目的性这一特点，学校组织的教育功能也会随之丧失殆尽。

总之，校园文化作为一种社会组织文化，它总是选择和吸收社会组织文化，特别是其中的有价值的成分，并根据一定的原则，加以合目的性的改造，吸取其精华，剔除其糟粕，并通过学校教育教学活动和管理活动，不断加以融合，形成具有自身特色的组织文化。

4. 校园文化的功能

毋庸置疑，校园文化对于学校组织及其组织成员的发展，有着十分重大的意义，但许多研究人员在探讨校园文化的功能时，却往往只关注校园文化的积极功能，我们这里把它称为正向功能，却忽视其消极功能，我们叫它负向功能，实际上，在任何一个组织当中，组织文化的这两种功能都不可避免地存在着。

校园文化的正向功能

台湾学者陈慧芬在研究组织文化的功能时注意到，组织文化具有促进系统的稳定、提供意义的理解、增进成员的认同、划定组织的界限、作为控制的机制、激发成员的投注、提升组织的表现等功能。美国管理学家罗宾斯则认为，组织文化在组织中扮演着厘清界线的角色，使组织不同于其他组织；组织文化可以增强组织成员的组织认同感、自豪感；组织文化具有凝聚功能，可以提高组织系统的稳定性；此外，组织文化还发挥着澄清疑惑与组织控制工具的作用，并有一套虽然没有明文规定但为每一位员工认同并遵守的游戏规则，起着规范员工行为的作用。美国学者舍恩认为，对学校校园文化的研究，应从组织本身与组织成员两个方面来考虑，就前者而言，组织文化为组织提供了共同的意识形态、信仰、观念体系甚至是共同的语言，增进组织沟通，化解冲突和矛盾，整合各种组织要素，提高组织效能，达成组织目标，提高组织适应环境持续发展的能力，组织文化也因此而将某一组织与其他组织区别开来；就后者而言，组织文化有助于增进成员之于组织的认同感，提高向心力和凝聚力，增进员工的荣誉感，降低员工焦虑等等。

具体来说，校园文化的正向功能可分解为七个方面功能：

（1）教育功能。校园文化的教育功能与下面将要提到的另一正向功能——规范功能差别不是很大，只不过二者的视角有些不同罢了。学校是培育人才的场所，学校中的各种教育教学活动与管理活动，无不要围绕学校的教育目标展开。无论是校内的各种媒体（包括报刊、广播、电视、电影、黑板报、网络）、场馆（图书馆、科学馆、体育馆等）、教学设备，还是良好的校风、校貌，各种规范、规章，以及悠久的学校历史传统和独特的办学风格，都以其蕴涵的文化力量潜移默化地影响着、教育着身处其中的学生，从而使校园文化的教育功能展现出来。此外，学校中优美的校园环境、良好的师生关系、民主的管理氛围、丰富多彩健康向上的社团活动，无一不给人以身心愉悦之感，长期置身于这样的文化氛围之中，易形成积极、乐观、向上的价值观和生活态度。

（2）导向功能。校园文化是社会文化系统中的亚文化，它同时又是学校领导者和教育者有意安排和引导其发展方向的文化。因此，学校在一定程度上反映和折射出社会文化的主体导向，并对学校组织发展以及青少年学生的身心发展起着一定的导向作用。学校管理者通过各种文化活动，把师生员工引导到实现学校目标所确定的方向上来，使之在确定的目标下从事教育、教学和管理活动。当学校的发展目标为师生员工所吸引、接受和认同，就会焕发出极大的工作和学习热情，就会在潜移默化的氛围中形成共同的价值观念，产生一种信念和力量向着既定的目标去努力。

（3）凝聚功能。校园文化为成员提供了进一步理解、认同学校组织的载体。从根本上讲，组织文化是一种意义理解的框架，使成员了解组织的历史传统、精神、目标，组织文化也反映成员在认知、情感等方面的共识，满足成员的组织归属感。在共同的组织文化影响下，组织成员拥有共同的价值观念、工作作风和行为方式，增进成员对组织的认同感，成员之间的认同感也会得到加强，感情会更为融洽，从而减少或化解组织矛盾与冲突，同心同德，步调一致，共同为实现学校组织目标而努力。因此，校园文化为组织成员提供共同的知觉、思考、理解的模式，是组织整合与成员沟通的重要基础，是联系和协调学校所有成员思想与行为的纽带，具有较强的凝聚作用。在学校管理实践中，当一种观念被教职工认同后，就会以一种"润物细无声"的方式来沟通人们的思想，产生对学校目标的认同感，从而形成一股强大的凝聚力量，并由此产生巨大的整体效应。

（4）激励功能。校园文化是一种内化的规范的力量，组织成员对学校组织文化的理解、认同他们所信奉的价值以及蕴藏于内心的无意识的假设等等，都可能激发、驱使组织成员对学校组织的生存与发展，对学校教育事业的改革与发展等，投入极大的热情与关注，从而不计个人利害得失，以积极的态度和热诚投身到学校工作之中。

（5）规范功能。校园文化的规范功能一方面体现在组织建设上，另一方面体现在学校组织成员的行为规范上。就前者而言，校园文化为学校教育教学工作和学校管理工作的开展提供了活动的框架。学校在进行组织结构设计、制定和实施组织规章制度、解决组织冲突与矛盾的过程中，都离不开对学校校园文化所蕴含的意义与价值的理解，学校的各种制度与规范都会与学校的主流文化保持一致。就组织文化对于组织成员的行为规范而言，在学校组织运行过程中，学校校园文化为学校成员提供了某些思想与行为的规范与标准，组织成员也能感受到身为组织一员应履行的组织角色，如果自己的言行举止符合组织文化的要求，则较易被组织接纳，反之，往往会被边缘化，甚至被淘汰。校园文化中蕴含的道德与规范，会使成员感受到一种无形的心理压力，人们为了取得心理平衡而自觉地服从团体规范，从而形成良好的行为习惯，从而形成心理相容、和皆有序的组织氛围。这里，我们看到，校园文化的规范与约束作用往往表现为成员的自觉行为，而非组织强迫，而学校规章制度、政策法规等的规范作用则具有强制性质，两者有着很大的差别。当前，许多学校管理者注意到校园文化是强化学校组织控制与管理，提高组织效能的有效手段，所强调的也正是这种"柔性管理"。

（6）标识功能。校园文化是学校组织区别于其他组织的界限。校园文化使学校呈现某种独特的氛围，使学校与其他社会组织甚至其他学校区别开来。不仅如此，学校组织成员，如教师和学生，长期受到校园文化潜移默化的影响和熏陶，对校园文化所蕴含的意义与价值有较深入的理解与体会，也会表现出某种特有的气质，从而与其他组织成员区别开来。至于学校校训、旗帜、口号甚至校服、建筑等蕴含校园文化价值的文化资源，更是学校组织十分显明的标识物。

（7）稳定功能。校园文化是学校共有的价值与意义体系，在学校系统的运作与发展过程中，往往成为组织团结与稳定的重要力量，使学校组织能够面对并解决来自学校内部与外部的种种环境挑战，使学校组织免于混乱与动荡，也减轻学校组织成员面临各种不确定因素而产生的焦虑，确保基本的组织安全与保障。

校园文化的负向功能

虽然校园文化的正向功能比较容易引起人们的关注，但校园文化不可避免的负向功能有时候所起的作用也很大，因此，应该引起人们的关注。我们可以从多种角度来认识组织文化的负向功能，例如，矛盾与冲突尖锐的组织文化，必然带来组织整合、行政运作方面的困难，并导致组织效能的低下。学校组织的保守性，决定了学校组织文化强调稳定、平凡、规范的一面，这往往使学校陷于封闭、呆板、排斥创新与改革；而形式主义盛行的组织文化具有反求真、不务实、反科学的负面功能；权威主义的组织文化具有反民主、反专业的负面功能；落后的组织文化具有反革新、反适应等负面功能，影响学校组织适应环境持续发展的能力；功利主义的组织文化则追求实惠，具有反教育、反理想、反价值的负面功能等等。这些例子似乎有些极端，通常情况下，学校校园文化的负向功能往往会在下列情况下表现出来：

（1）主流文化与亚文化的矛盾与冲突，导致组织整合困难。每一社会组织都存在许多的亚文化，而且，这些亚文化往往与主流文化之间、亚文化与亚文化之间都在一定程度上存在着矛盾与冲突，所以，人们称学校中的亚文化为"冲突的亚文化"。在学校组织中，一旦学校的主流文化与亚文化产生冲突，就会给组织整合带来诸多困难，并导致组织效能的下降。因此，在学校组织中，积极培育一个强有力的主流文化，是十分必要的，只有当学校的主流文化为成员所理解、接受、认同并内化为内在价值，才能避免亚文化与主流文化的尖锐冲突，甚至避免亚文化凌驾于主流文化之上的危机。

（2）校园文化的保守性成为学校组织的变革的障碍。从根本上讲，校园文化是一种保守性的文化，学校总是将人类文明积淀下来的既成文化成果传递给年青一代；学校教育的性质决定了学校教育过程往往是一个文化积累的过程，而不是一个文化创新的过程；学校教育（文化影响）的成果往往具有长期性、滞后性的特点，这些都决定了校园文化所不可避免地具有的保守性质。我们可以从多种角度来认识学校文化阻碍学校组织变革所表现出的负向功能。首先，校园文化促进了学校组织的稳定与安全，但是，当学校组织面临外界环境挑战，需要进行变革时，校园文化往往会表现出一种安于现状的惯性或惰性，使得学校组织无法做出即时的反应，顺应环境的变迁，适时扭转劣势或创造先机。其次，学校校园文化促进成员对组织的认同，在思想与行动上达成共识，有利于培育员工对学校组织的忠诚。但是，这也有可能使学校组织成员产生依赖情结，陷入不切实际的陶醉与乐观，而当学校组织面临困难与挑战时，则容易形成群体的逃避情绪。第三，校园文化对学校成员的思想与行为具有一定的规范与控制作用，这有助于维护和巩固学校组织系统。但是，这也往往会使学校组织排斥各种新观念的影响，减少组织变革与发展的机会。第四，在特殊的情况下，如果学校校园文化与学校组织目标发生偏差，并且为多数组织成员所认同，学校校园文化就会引致错误的组织发展方向，非但不利于组织目标的认同，反而会妨害组织目标的达成以及组织的持续发展，这种文化影响越大，学校组织所蒙受的损害越多。此外，对于一些办学历史悠久的老学校而言，学校传统的文化积淀甚厚，往往为学校领导者与广大员工视为学校发展过程中的精神财富。但是，这种精神财富也使之成为学校变革与创新的障碍，使学校组织运作僵化，不能应时代变迁而进行变革。

　　总之，校园文化在组织的稳定与发展、组织效能的提升、成员的归属、认同与沟通等诸多方面都发生着重要影响；校园文化也存在着阻碍组织变革、主流文化与亚文化矛盾与冲突等负向功能。学校管理者要做的是重视校园文化建设，注重发挥校园文化的正向功能，最大限度避免或克服各种负向功能，立足当前，放眼未来，勇于创新，大胆实践，在改革中大力加强校园文化建设，使之更好地为学校教育教学服务。

5. 校园文化的特征

互动性

校园文化是学校教师与学生共同创造的。这里教师的作用，学校领导的作用，即教师的教师作用是关键，领导者的办学理念、办学意识和行为对师生员工的影响不可低估，对校园文化建设的作用是巨大的。

渗透性

校园文化，像和煦的春风一样，漂散在校园的各个角落，渗透在教师、学生、员工的观念、言行、举止之中，渗透在他们的教学、科研、读书、做事的态度和情感中。

传承性

校风、教风、学风、学术传统、思维方式的形成，不是一代人，而是几代人或数代人自觉不自觉地缔造的，而且代代相传，相沿成习，似乎有一种遗传因子。任何一种校园文化，一经形成之后，必然传承下去，不因时代、社会制度不同而消失，当然会有所损益。然而其精神实质却是永续的，永生的。

6. 校园文化信仰

信仰对于每一个人都是非常重要的，它给人们精神上的慰藉，鼓励人们克服困难。从某种意义上来说，信仰会改变一个人的整体状态。

有一个农村老太太，多年前加入了基督教。本来一位农村老太估计最多的事就是拉家常，东家长西家短的，但自从加入基督教后，整个状态都改变了。每天都做祷告，当然主要是祈祷神保佑她的这些子女平安幸福了，周末就忙着联系组织教友聚会做礼拜。她以前当过妇女主任，看来组织能力确实是不错的。整体下来，她精神状态较之以前有了大幅改善，神采奕奕，走起路来有时小伙子都赶不上。看来这信仰的力量确实是非常巨大。

其实我们的学校也存在着信仰，而且有着非常强的特征。也许很多人会不以为然，那不妨让我们来看看初中，师生最终的目标都很明确：让更多的学生考上更好的高中；而高中就更不用说了，学校师生一致的目标是多些学生考上重点大学，最好再出几个高考状元。毫无疑问，中考和高考是中学师生的最大目标，也是信仰所在。君不见，高考结束，学校无不几家欢喜几家愁。

很多人批评应试教育以及高考制度，但不可否认，高考与应试教育跟古代的科举制度一样，从某种意义上来说，是实现公平公正的一种机制，在没有找到一种更合适的制度前，暂时不太可能会改变。所以高考、中考还将会成为学校的最核心的课题。

所以说高考、中考是中学最大的信仰一点也不为过，这本身也没有什么错。但如果我们的学校能更多融入一些更积极的因素进去，那么就会使信仰得以升华和蜕变了。

比如说，学校更多地导入提升学生素质的一些优秀外来培训和课程，这样会让学生更全面地发展；比如学校结合自身实际，把一些当地的、民族的东西融入校园文化；比如学校确立一种文化，长期固定下来，作为对学生的熏陶，就像浙江大学的"求是"，历经迁徙和辗转，依然牢牢地刻在浙大师生的心中，最终成为影响全球的学校校训。

所以，我们不应该回避学校的信仰问题，而且要相信，如果学校能够科学合理的利用信仰，对于确立良好的校园文化，也会有着非常积极的意义。

7. 校园文化的内容

校园文化是学校所具有特定的精神环境和文化气氛，它包括校园建筑设计、校园景观、绿化美化这种物化形态的内容，也包括学校的传统、校风、学风、人际关系、集体舆论、心理氛围以及学校的各种规章制度和学校成员在共同活动交往中形成的非明文规范的行为准则。健康的校园文化，可以陶冶学生的情操、启迪学生心智，促进学生的全面发展。

校园文化是学校本身形成和发展的物质文化和精神文化的总和。由于学校是教育人、培养人的社区，因而校园文化一般取其精神文化之含义。即学校共同成员在学校发展过程中，逐步形成的包括学校最高目标、价值观、校风、传统习惯、行为规范和规章制度在内的精神总和。校园文化对于提高师生员工的凝聚力，培养良好的校风，培育"四有"新人都具有重要的意义。

　　学校没有了千万个朝气蓬勃的学生，无论多么英明的领导团体多么扎实的硬件设施多么雄厚的师资队伍，都不可能使得一个学校的校园拥有强大的生命力。而特定到校园文化特别是大学校园文化，同样的思路，大学生特有的思想观念、心理素质、价值取向和思维方式等是校园文化的核心，其本质是一种人文环境和文化氛围。在这种由大学生自己为主体营造的人文环境和文化氛围中，有校园特色的人际关系、生活方式以及由大学生参与的报刊、讲座、社团及其他科学文化体育活动和各类文化设施会作为校园文化的主要特征充盈着大学校园的各方面建设，从而使得大学校园更富有生机和活力。

　　校园文化活动是自发的，也是自觉的，是受社会生活影响也受自我心灵主宰的，是无处不在的，是充满现代意识的，也是反映大学生复杂心态的；是心灵的自然流露，也是充满创造力的；是受着时代文化潮流影响的，也是苦乐兼备的。人生与社会、理想与追求、情与爱，都会在校园文化中表现出来。扰人心怀，催人思索，引人前行或诱人堕落。

　　校园文化在当今高等教育中应该发挥重要的作用，校园文化是常新的，但是是能够保持永恒魅力的，是能够唤起青年一代心灵的，是能够激发青年学生激情，是能够唤起青年一代高尚的、独立的人格追求和高尚的道德追求。比如校园的时代性活动等。

　　当代校园文化建设进入了网络环境，应运而生的各种网络社团，校园文化宣传站从软件上提升了校园文化的内涵。

8. 校园文化的宗旨和任务

校园文化建设的宗旨，一句话就是有助于培养德才兼备的人才即体魄健全，身心健康的社会主义建设者。学校是培养人才的园地，在这里我们的一切教学工作，一切科研工作，一切师生参与的活动，都应以学生的健康成长，成为有用人才为中心。就此而言，可以说学校的一切都是为了学生。

校园文化建设的任务，就是贯彻党的教育方针，培养社会主义建设者。在这里，首要的是培养学生成为良好的"四有"公民，即有理想、有道德、有文化、有纪律的一代新人。

9. 打造独具特色的校园文化

广义上的校园文化，是指以社会先进文化为主导，以师生文化活动为主体，以校园精神为底蕴，由校园中所有成员在长期的办学过程中共同创造而形成的学校物质文明和精神文明的总和。各学校开展的校园文化建设工作，多是从广义的概念出发，进行宏观规划和具体实施的。

校园文化作为一种亚文化，必然以社会大环境为背景，并受到社会主流文化的影响与制约，与社会主流文化的基本倾向保持一致。但是，校园文化必须植根于校园之中，离开一定的校园环境，校园文化就失去了生存和发展的土壤。学校的全体成员是校园文化的主体，校园文化的产生和发展是以学校的师生员工为基础，是学校全体成员在长期的工作、学习中不断积累的成果。校园文化是为学校的各项职能服务的。校园文化既是学校全体成员在实现学校的各种职能中产生、发展、传承的，同时，它又时刻为实现学校的各种职能服务，因此校园文化应该涵盖学校全体成员为实现学校的各项职能而开展的各种活动。

校园文化具有突出的特征：

（1）校园文化是一种管理文化。

学校的教育对象是人，教育者是人，因而学校一切工作的中心是围绕对人的管理而展开的。校园文化建设要引导师生在学校目标的指引下形成团结一心的强大凝聚力，使学校成为教职工发挥聪明才智、实现人生价值的舞台，成为学子们安心学习、自我塑造和完善人生的课堂。

（2）校园文化是一种教育文化。

学校是一个从事人才培养和科学研究的教育单位，其核心任务是进行人才培养。因此，校园文化反映的是学校这一教育机构的价值观、人才观、最高目标、办学宗旨、教育思想、道德规范及行为规范，实现对人的教育。

（3）校园文化是一种微观组织文化。

学校组织是人们为了达到办学目的，经由分工与合作及不同层次的权力和责任制度而构成的人才培养的集体，是社会的基本细胞。这一组织除了有组织原则、组织结构、组织过程及必要的规章制度之外，更重要的是要有校园文化，使学校组织有一个共同的群体意识及行为准则，以营造和谐的人际关系，形成"团结、互助、融洽"的组织气氛。

　　校园文化，这是引导和激励一代又一代人不断进取的巨大精神力量。在建设世界一流大学的进程中，与时俱进、开拓创新，构建完善、和谐的校园文化体系，是时代的需要，也是学校发展和顺利推进各项工作的保障。通过校园文化建设的不断深化和拓展，逐步形成与高等教育发展、与学校办学特色相协调的校园文化建设体系，对继承和弘扬学校精神，促进物质文明与精神文明的协调发展，全面促进建设世界一流大学奋斗目标的实现，具有十分重要的意义。

　　校园文化建设以和谐、健康、可持续为建设理念，以现代大教育观为理论基础，坚持以人为本，德育为先，全面落实科学发展观，紧紧围绕学校创建世界一流大学的宏伟目标，整体规划、逐步推进、协调发展。在建设过程中，坚持注重历史传承与发展创新相结合、科学精神与人文精神相结合、发展共性与突出个性相结合、严格管理与人文关怀相结合，以建设兼容并包、传承创新的精神文化，建设科学规范、激励自律的制度文化，建设自强不息、个性鲜活的行为文化，建设环境优雅、功能齐备的物质文化为主要内容。

　　在未来重点实现以下目标：师生高度认同学校的办学理念和思路，团结一致、奋发向上；总结、明确学校精神、传统与校训；建立健全各项管理规章制度，强化工作的制度化意识；进一步加强学术道德建设，营造崇尚创新、探求真知的学术环境和宽松和谐的学术研究氛围；形成一批有全国影响、具有哈工大特色的文化品牌；建成设施完备、功能先进、服务完善、环境优雅的办学环境；形成校园文化建设的全员参与意识。

10. 创建校园文化的方法

校园文化是由物质文化、行为文化、制度文化和精神文化组成的有机整体，是学校教育的重要组成部分，校园文化能够体现学校的价值取向，展现学校风貌，是具有强大引导功能的教育资源。校园文化建设应当以三个面向和科学发展观为指南，以全面贯彻教育方针、全面提高教育教学质量为宗旨，以全面实施素质教育、培养学生创新精神和实践能力为出发点，突出"以人为本、和谐育人"的办学理念，强化"三风"建设，为学生的成长、教师水平的提高和学校的发展，创设优良的人文环境与和谐发展氛围。

（1）校园文化建设应遵循"总体规划、分步实施、体现个性、促进发展"的原则。

在校园文化建设中，物质文化是推进学校文化建设的必要前提，是校园文化建设的重要组成部分。校园物质文化，属于校园文化的硬件建设。完善的设施、合理的布局、各具特色的建筑和场所，能使人心旷神怡、赏心悦目，有助于陶冶校园人的情操，塑造校园人的美好心灵，激发校园人的开拓进取精神，促进校园人的身心健康发展。

校园物质文化既是校园文化的物质载体，又是校园文化的重要表现形式。学校应根据教育特点、区域特点、时代特点，吸纳精华，在建设规范化、标准化的基础上，形成自己独特的文化风格。

自然景观建设应该做到美化、绿化、亮化和净化。人文景观的创设，可以充分利用精美的雕饰、特色标志牌、人本化的警示语、优美的画廊等内涵丰富的文化宣传形式，营造浓厚的校园文化氛围，怡情励志，促进主动发展。

广播站、校园网、校刊等文化阵地的开办则应坚持以学生为主体，充分发挥和尊重学生的创造性和主动性。文化阵地还要与社区、文化团体密切联系，充分利用高科技手段，拓展校园文化阵地，丰富校园文化内容。让学生充分感受现代化的学校给自己创设的优越文化氛围和学习环境，从而能够主动积极地投入到学习中，不断提高知识水平和实践、创新能力。

（2）校园文化建设应通过全员参与，开展各种创建活动，形成行为文化。

校园行为文化是师生文明素质的表现，是校园文化建设的最终体现。表现在学生的文明行为、教师的教育行为、学校的管理行为以及学校人际关系等方面。学生良好行为习惯的形成可以转化为一个人内在的性格情操，影响一生的发展。因此，要培养合格人才，在青少年时期就必须高度重视良好行为习惯的养成。

教师的教育行为体现了师德水平和教学能力，学校干部、教师的教育行为和管理行为对学生的世界观形成、心理成长、行为养成都有极大的影响，因此，学校要高度重视师德建设，严格规范教师、干部的教育和管理行为。此外，良好的学校人际关系有助于广大师生员工的密切合作，从而形成一个团结统一的集体，更好地发挥整体效应，共同完成学校的奋斗目标和工作任务。

校园行为文化既是学校文明程度的体现，也是学校教育、管理水平的体现。学校要认真落实教育部新颁布的《中小学生守则》和《中（小）学生日常行为规范》，积极开展"文明修身"工程，在学生中开展修道德之身、修心灵之身、修健康之身、修溢美之身、修创新之身活动，引导学生积极参与基础道德教育、心理健康教育、体育美育活动和科技创新活动，培养德智体美全面发展的创新型人才。

还要重视师德建设，增强广大教师争做光荣人民教师的责任感、使命感，激发广大教师严格自律，恪尽职守，树立良好的师表形象。学校要依法治校，通过民主管理，调动每一位教职工的积极性，及时排除和避免教职工之间、师生之间、学生与学生之间的矛盾和冲突，真正形成一个团结、和谐、统一的集体。

（3）校园文化建设应通过建立各项规章制度，形成制度文化。

校园制度文化作为校园文化的内在机制，是维系学校正常运转的必不可少的保障机制。"没有规矩，不成方圆"，只有建立起完整的规章制度，才能规范师生行为，保证校园各方面工作和活动的开展与落实。

学校的各项管理制度，既是广大师生的行为准则，又是校园文化的重要内容和表现形式。学校建立健全科学的管理制度，能够使学校各项工作有章可循，体现依法治教、依法治校。学校重大事项的决策和实施，应当按章办事、不徇私情，体现公平、公正、公开的原则。提倡民主管理、自主管理，体现以人为本的精神。学校还要形成既有统一意志，又有个性发展的生动活泼的制度环境，促进广大师生形成良好的行为习惯、健康文明的生活方式，高尚的道德情操和积极向上的精神风貌。

（4）校园文化建设应通过提炼体现时代要求的办学育人理念，形成精神文化。

校园精神文化是校园文化的核心，是学校的灵魂，是一个学校本质、个性、精神面貌的集中反映。校园精神文化集中体现在校风、教风、学风的"三风"建设上。"三风"建设是校园文化中精神文化的内涵，是校园文化的核心内容，是学校的巨大的精神财富，是推动学校前进的精神力量。

校风体现着一个学校的精神风貌，主要表现在校训、校歌、校徽和校旗上。教风是教师在长期教育实践活动中形成的教育教学的特点、作风和风格，是教师道德品质、文化知识水平、教育理论等素质的综合表现。学风是学生在学习过程中表现出的治学态度和方法，是学生在长期学习过程中形成的学习习惯、生活习惯、行为习惯等方面的表现。

校园文化建设不是孤立的建设活动，而应把它定位为各类创建活动的集合，应与各级各类规范化学校、示范学校、文明学校、绿色学校等的创建工作结合起来，把它作为提高学校管理层次，体现学校办学特色，推动学校不断向更高层次迈进的有效载体。在此过程中应重视发挥师生的主体作用，采取有力措施，调动广大师生全员、全程、全方位自主参与校园文化建设的积极性，让师生在主动参与中得到锻炼，提升品位，提高文化修养及价值观念，实现师生和学校共同发展、共同提高，为学校的可持续发展打下坚实基础。

加强校园文化建设，不仅是学校育人的需要，也是时代的需要，社会的需要。校园文化建设是一项系统工程，渗透于学校的教学、科研、管理、生活及校园活动等各方面。学校应当把校园文化建设纳入学校建设与发展的中长期规划中，全校上下提高认识，确保投入，采取措施，全面推进，使校园文化建设真正成为实现学校跨越式发展的强大推动力。

11.　校园文化的作用

校园文化在当今高等教育中应该发挥重要的作用，校园文化是常新的，但是是能够保持永恒魅力的，是能够唤起青年一代心灵的，是能够激发青年学生激情，是能够唤起青年一代高尚的、独立的人格追求和高尚的道德追求。比如校园的时代性活动等。

校园文化是一种氛围、一种精神

校园文化是学校发展的灵魂，是凝聚人心、展示学校形象、提高学校文明程度的重要体现。校园文化对学生的人生观、价值观产生着潜移默化的深远影响，而这种影响往往是任何课程所无法比拟的。健康、向上、丰富的校园文化对学生的品性形成具有渗透性、持久性和选择性，对于提高学生的人文道德素养，拓宽同学们的视野，培养跨世纪人才具有深远意义。

校园文化建设可以极大提升学校的文化品位

古人云，"近朱者赤，近墨者黑。"学校的校容校貌，表现出一个学校整体精神的价值取向，是具有引导功能的教育资源。校园文化作为一种环境教育力量，对学生的健康成长有着巨大的影响。校园文化建设的终极目标就在于创建一种氛围，以陶冶学生的情操，构筑健康的人格，全面提高学生素质。

校园文化是一所学校综合实力的反映

校园文化建设包括学院物质文化建设、精神文化建设和制度文化建设，这三个方面建设的全面、协调的发展，将为学校树立起完整的文化形象。校园文化是一所学校综合实力的反映，校园文化的核心竞争力主要表现在文化的凝聚力和创造力，优秀的校园文化能赋予师生独立的人格、独立的精神，激励师生不断反思、不断超越。所以，校园文化建设是学校发展的重要保证。

12. 学校的精神文化

学校精神文化的内涵

学校精神文化是一所学校在长期的教育实践过程中所创造和积淀下来的并为其师生员工所认同和遵循的文化传统、价值观念、道德情感、思维方式、心理情趣、人生态度及政治观念等。从心理学视野出发，学校精神就是学校群体在长期的教育、教学实践中积淀下来的共同的心理和行为中体现出来的群体心理定势和心理特征。学校精神是学校文化的内核和灵魂，是学校整体精神面貌的体现，是学校生存和发展的源动力，是学校成熟和内涵发展的反映。研究表明，创建良好的学校精神文化是提高学校整体办学水平和教学质量的重要途径。

学校精神文化是学校校园文化的重要组成部分，是校园文化中最深层的决定整个校园文化各方面的因子，是学校整体精神状态的体现。但究竟什么是学校精神文化？又怎样来看待和理解学校精神文化呢？我们认为，学校精神文化是一所学校在长期的教育实践过程中所创造和积淀下来的并为其师生员工所认同和遵循的文化传统、价值观念、道德情感、思维方式、心理情趣、人生态度及政治观念等。

学校精神文化的特征

我们可以从学校精神文化的性质、存在形态以及形成与发展的动态历程等不同角度来把握、认识和理解学校精神文化。

（1）先进性。

与其他社会文化相比，学校精神文化往往更能体现社会主流文化所代表的民主、科学、理性的价值观念，表现出与时俱进的时代特征，进而成为社会主流价值与时代精神的代表。由于学校的文化主体主要是青少年，因而使得学校精神往往表现为面向未来，既立足现实而又高于现实，不断追求新的理想，有时，还会表现出一种时尚性。此外，学校精神文化的先进性还表现在学校文化不仅反映时代精神，在某些历史条件下，还起着引导、推动社会文化，成为新时代文化的先行者。

（2）稳定性。

虽然学校精神文化在不同的办学历史时期都会吸收各种社会文化与时代精神，表现出与时俱进的时代特征。但是，从根本上讲，学校精神文化是学校在长期的教育变革实践中逐步发展不断累积而形成的，凝聚了学校文化传统的精华，并为学校及其成员引为自豪，具有一定的传承性与稳定性。此外，学校精神文化一旦形成，便成为学校广大师生员工认同的理想与行为准则，成为学校以及学校各类人群的精神支柱和参与学校生活的强大动力，形成一个富有教育意义的外部教育环境，使人们持续不断地受到潜移默化的教育影响，从而使人们的思想、意识与行为可以在一定程度上保持稳定与统一，使学校精神文化在一个较长的时期内得到维系、巩固与持续发展。

（3）独特性。

学校精神具有特定的个性特征，是一所学校的校园精神文化区别于另一所学校的校园精神文化的根本所在。各级各类学校的学校精神都有其共同之处，如求是精神、求真精神等。但由于不同学校间历史传统、具体工作的指导思想、学校所在社区文化环境等方面因素的差异，就会使生活于不同学校的师生员工在思维方式、行为方式等方面有所不同，从而形成区别于其他学校的文化传统。

（4）内隐性。

学校精神文化作为校园文化的灵魂，深深根植于学校文化的每个层面，根植于学校中各类人员的思想意识，并对个体的态度、价值、情感以及思想意识等持续不断地发挥着潜移默化的影响作用。外观上表现为学校的教育理念、校风、教风、学风等。从某种意义上讲，精神文化的这种内隐性使得它比制度文化更易于被广大师生员工所接纳。

（5）弥散性。

学校精神文化体现和贯穿于学校组织的物质文化与制度文化之中，弥漫于校园生活的各个层面。这种看似无形但却无处不在的精神文化，具有强大的影响、渗透与熏陶功能，处于成长与发展过程之中的青少年学生，置身于校园生活之中，毋用接受繁琐说教，便会自然而然地感悟到学校文化对自己心灵的净化与情感的熏陶。

学校精神文化是在学校文化传统基础上，通过学校文化主体长期的教育教学实践活动，经过反复的积淀、选择、提炼、发展，为学校及广大师生一致认同的主体精神文化。学校精神文化的内涵十分丰富，既包括学校的教育理念、学校成员的世界观、人生观、价值观、道德观等意识形态观念，也包括学校成员的思维方式、情感模式等等。学校精神也是学校精神风貌、个性特征、社会魅力的高度表现，并内化为学校成员的思想观念和行为准则，从而形成和决定了学校校园文化在思想、感情、信念和观念等方面的价值取向的一致性，教育和塑造着学校成员的心理、性格和自我意识。

学校精神文化的基本内容

学校精神文化是在学校文化传统基础上，通过学校文化主体长期的教育教学实践活动，经过反复的积淀、选择、提炼、发展，为学校及广大师生一致认同的主体精神文化。学校精神文化的内涵十分丰富，既包括学校的教育理念、学校成员的世界观、人生观、价值观、道德观等意识形态观念，也包括学校成员的思维方式、情感模式等等。

学校精神也是学校精神风貌、个性特征、社会魅力的高度表现，并内化为学校成员的思想观念和行为准则，从而形成和决定了学校组织文化在思想、感情、信念和观念等方面的价值取向的一致性，教育和塑造着学校成员的心理、性格和自我意识。学校精神文化影响和决定着一所学校的精神面貌。历史上，蔡元培先生在北京大学倡导"提倡新学、思想自由、兼容并蓄"的办学精神，孙中山先生为中山大学题写的"博学、审问、慎思、明辨、笃行"的校训，陶行知先生"捧着一颗心来，不带半根草去"、"千教万教教人求真，千学万学学做真人"的教育理想以及在晓庄师范的办学实践，都从不同的方面开风气之先，凸显了独具特色的学校精神。

现代学校精神应与时代精神和谐统一。我们所面临的知识经济社会使我们步入了一个全新的、伟大的时代，它不仅是一场科学技术的革命，更是一场思想意识的革命，一场社会革命，一场社会生活方式的革命。它使得人们从重视物质价值转向重视知识价值，使人们真正看到了知识在经济增长中的重大作用；它促使人们对"什么知识最有价值"这一经典命题进行反思，传统的科学技术知识在经济发展中的作用已被高新技术知识的作用所取代；它不仅要求人们从根本上革除"知识无用论"、"读书无用论"的错误观念，不仅要求人们在政治学、社会学的意义上倡导"尊重知识、尊重人才"，不仅要求人们在一般意义上从"人力资本"的意义上（如20世纪60年代西方学者所倡导的那样）来认识个人的教育投资收益与国家和社会的教育投资收益，更是从知识价值在社会生产、社会服务中的日益重要的作用，知识价值从根本上引起社会价值、社会规范乃至社会结构的革命性变化等角度，来重新认识知识与教育的价值与作用。这就是：知识经济对"智力资本"的热切呼唤。"智力资本"概念的确反映了知识经济时代对知识与人的智能的呼唤，反映了社会对知识与人的智能的经济价值的广泛承认。人们已强烈地感受到根植于科学技术发展与社会经济生活的变革而又弥散于从社会思想到社会改革实践之中的时代精神，这种时代精神正时时刻刻地改变着我们这个时代的每一个人。这种时代精神的特征至少体现在以下几个方面：

（1）快速的变化。时代变化的节奏加快，社会变化的幅度与强度增强，社会结构性变化的周期缩短，打破了原有平稳缓慢的发展格局。这种时代精神要求人们立足变革，用发展的眼光，用未来时代的要求来看待今天的社会及其变化。

（2）多元的格局。世界和社会由于急剧的发展变化而变得多元、多彩，单一、平衡的局面被打破，不确定性和选择性俱增，成功与失败并存，挑战与机遇同在。它要求人们学会选择，通过选择寻求适合自己发展的空间和途径。

（3）人的主体价值。这种以人为中心的时代不断地高扬人的价值，呼唤人的主体意识与主体精神。随着市场经济的建立与完善，许多社会组织日益成为自主经营、自负盈亏、自我约束、自我发展的独立法人实体，人的主体性问题不再是一个只有哲学家才谈论的话题。只有把握自己命运、保持自己的追求的人，才能适应风云变幻的社会。

就其具体内容而言，支撑各个学校的精神支柱理应有所不同。但是，就学校精神的整体内容结构而言，我们又可以发现一些共同的特点。现代学校精神理应涵盖以下内容：

科学精神。科学旨在使人求真。现代学校是一个学习型组织，是一个传授和学习科学知识的场所，以科学的态度传授和学习科学知识成为学校生活的主旋律，因此，现代学校中的科学精神表现为在教育教学、教育管理、学习和研究过程中不断追求实事求是，踏踏实实，尊重和追求真理，不图虚名，拒绝空谈。这意味着不仅以科学的态度、科学的方法传授和学习科学知识，更要掌握和应用科学研究的方法，养成科学探究的态度，培养科学研究的能力。

民主精神。民主不仅是一种社会政治，一套政治运行方式，而且是一种精神生活方式、精神品格和精神特征，是对社会公正的追求。民主生活的基本原则就是个体自觉尊重他人与集体的行为。历史上，北京大学校长蔡元培提出"提倡新学、思想自由、兼容并蓄"的学术风气，给当时的新文化运动和北京大学带来了生机勃勃的学术空气，为新思想、新学科和一代新人的成长营造了良好的学校环境。现代学校高扬民主精神，学术民主依然是一个重要方面，但民主的内涵已远不止于此，它遍及学校行政管理、教学管理、教职工参与决策、课堂民主管理、学生参与学校管理以及学生生活的自主管理等诸多领域，民主精神成为现代校园生活的重要特征。

人本精神。从根本上讲，与体现人与物的关系的企业组织不同，学校组织关系是一种人与人的关系，如领导与员工的关系、员工之间的关系以及尤其是教师与学生之间的关系和学生之间的复杂关系。同时，学校组织的发展与人的发展息息相关，它一方面需要依托教师的专业发展，另一方面又着眼于学生的个性全面发展。因此，"以人为本"不是一句空洞的口号，而是融入学校教育教学活动和教育管理活动之中的基本法则。

团队精神。学会与他人合作是现代人的基本素养，团队建设是现代组织管理的重要法则。在学校发展过程中，无论是教职员工的发展还是学生的发展，都需要弘扬团队精神。从根本上讲，学生的发展，是德智体美诸方面的和谐发展，而某一方面的发展，更仅仅是于某一学科教师个人的成功。因此，在教师管理过程中，需要在尊重教师个体的创造性劳动基础上，倡导群体协作，通过团结合作不仅可以使生活于群体中的每一个成员体会到群体的温暖和力量，从而使个体最大限度地发挥其创造力，而且可以使群体凝聚成一个坚强的整体，充分发挥群体的整合力量。同时，也在这样一种团队发展的过程中，培养学生的团队意识，锻炼其与人沟通与合作的能力。

社会精神。现代学校不再是"象牙之塔"，而是一个与社会大系统紧密结合并进行物质与能量交换的开放系统。因此，现代学校精神理应弘扬一种认识社会、参与社会、引导社会向前发展的精神价值，不断追求社会的民主太平、公正，成为社会变革的思想与人才高地。

创新精神。创新是一个民族不断进步的灵魂。学校作为一个传递既存文化与知识的地方，不可避免地具有保守性的特征。但是，在这样一个社会变革日益加快的时代里，学校理应以一种开放的态势，形成一种开拓进取、不断革新、积极向上的心理气氛，使广大师生员工在尊重科学、实事求是的基础上，敢于创新，与时俱进。在学校生活中，创新体现在学校不断解决新问题，实现战略性持续发展上；体现在广大教师通过反思性教学实践和行动研究，实现专业发展上；体现在学生通过研究性学习，灵活掌握并综合运用各种新知识、勇于探索未知世界的各类活动之中。

13. 学校的物质文化

一个学校的校园建筑用料、校园规模、建设风格以及布局安排等一切蕴含文化韵味的东西皆属于一个学校的物质文化。学校的物质文化反映的就是学校校园中具有文化韵味、承载文化内涵的的物质环境。环境心理学认为，人的行为心理与环境是相互联系、相互作用的，人塑造了环境，但同时又受到环境的影响，环境对人的行为、心态具有一定的导向约束作用。学校的物质环境既是学校文化运作的客观结果，它表达着学校已形成的价值观念、审美情趣和道德风尚，同时，学校的校容校貌又每时每刻都在影响着师生员工的活动。我国台湾学者林清江认为，学校物质文化的影响，主要表现在以下四个方面：一是影响学生的心理平衡。二是影响学生的价值观念及态度。三是影响学生的学习方式。四是有利于学校传统的保存和传递。良好的校容能产生积极的心理效应，提高学校成员工作、学习的士气；不良的校容却可能产生消极的心理反映，破坏学校成员的工作、学习情绪。而不同类型的学校物质环境也可能形成不同的组织气氛，色彩的冷暖选择、线条的曲直搭配都有可能引起师生员工相异的情绪反应特征：色泽明快、线条简洁的现代化校园往往会形成一种积极进取、开拓创新的气氛；古朴典雅、色彩凝重的古风校园使人感受到严谨求实、深沉渊博的氛围；校园内象征性的标志则容易激励师生员工高昂的热情和坚韧的意志，以及唤起学校成员浓厚的爱校意识。

在建筑风格方面，研究表明，19世纪末，学校被设计成工厂样式，体现了注重效率和把教育与生产相类比的教育观念。后来，许多学校又被设计成城堡模样，有塔，有石灰石装饰，有深色橡木楼梯间，体现了严肃求实、深沉厚重的教育理念。进入现代社会以来，建筑师又将学校设计成私人化的学习环境。现时代，学校建筑规划、设计和建造，既要遵循"功能分区、合理布局"，又要有利于教师和学生的审美发展，满足其对美好事物的基本需要和鉴赏欲求；学校建筑结构本身的色彩、构造、线条和形式要体现一定的美学意蕴，注意传统风格与现代气息的结合，并注意多种艺术形式和装饰的融合。一个赏心悦目、和谐奋进的校园环境，将起着调节师生紧张的脑力劳动的心态和情绪，提高脑力活动的效果，使人受到美的熏陶产生奋进力量的作用。如同每个人都有自己的个性特点一样，一所学校的校园环境应形成自己的特色，富于象征意义，反映学校文化内涵，使校园奇葩争艳、色彩斑斓，富于生机与活力。此外，学校校园内应根据学校文化建设的需要，布置适当的文化建筑小品宣传设施人文景观，给学生以启迪和潜移默化的文化熏陶。

学校教室或学校教育场所的布置对教师和学生的心理也会产生一定的影响。干净、整洁、整齐、令人赏心悦目的教室会使教师和学生产生欢乐、舒适、享受、力量的感受以及愿意在其中活动的愿望；相反，布置得一团糟的教室则会使教师和学生产生单调、疲乏、烦躁、不满，甚至敌对的情绪，而在教室墙壁上布置一些健康、优美、与青少年教育有关的图画，既可增加教室环境的美感，又可以促进学生身心的健康发展。例如，苏霍姆林斯基是这样描述帕夫雷什中学的："环境美素来就带有气爽明亮之感和空旷深远之感。我校教室墙壁上布置的所有东西如同在扩展四壁，赋予房间以田野、森林和草场的辽阔意境。比如说，学生看到墙上画中描绘的金色秋季的果园景色，自然会联想到墙外的现实果园……每个教室都布置有美术作品的复制品。这些作品随着季节、授课内容、教学气氛的变换而更换。"

此外，学校应有明确的文化标识物，如校牌、校旗、校徽、校服、校标、校报，它们都是可以唤起人们美好感觉和愉快情绪的文化纪念物。

14. 学校的组织文化

学校是一个社会组织，学校组织文化自然具备一般社会组织文化的特征；但是，另一方面，学校又是一个特殊的以育人为本职的社会组织，与其他社会组织尤其是企业组织有着很大差别。例如，学校教育过程与企业的生产过程不同，学校教育过程是学校中教师与学生之间的互动过程，实际上是教师与学生之间的文化影响过程，而企业组织的生产过程是人与物的互动过程，组织文化的作用与价值难以在这一生产过程中显现出来；学校与企业的产品不同，表面上看，学校教育的成果是培养了各级各类合格的人才，而从根本上讲，这种成果体现在学生素质的提高与全面发展上，此外，学校还创造出许多有形的文化知识。凡此种种差异，导致学校组织文化的内涵、性质与功能都有其自身的特点。

学校组织文化的内涵

20 世纪 80 年代初以来，伴随着改革开放的不断深入，特别是思想领域的空前解放，我国思想文化空前繁荣，出现了所谓的"文化热"，从而引致人们对"校园文化"的重视与研究。但是，由于我国独特的政治经济文化背景，所谓的"校园文化"与西方学者所研究的"学校文化"在内涵上有着较大差异。简而言之，学校文化是一个内涵较为丰富的概念，既包括隐含在学校教育教学现象背后的意识、价值、态度，是观念形态的东西，也包括能够体现这些观念的现象与活动；尽管有的学者所使用的"校园文化"概念几乎是"学校文化"概念的同义语，但是，在大多数情况下，人们使用"校园文化"一语的内涵要窄得多，往往指反映学校价值的外在的现象，有时甚至变为学校校园环境的代名词，而且，人们通常将"校园文化"与"建设"两字联起来使用，从而使校园文化又体现为"活动"的性质。这里，我们赞同使用"学校文化"概念，"学校组织文化"与"学校文化"的概念在内涵上是一致的，只不过前者更加强调学校文化在学校组织管理方面的意义。

早在 1932 年，美国学者华勒在其所著《教学社会学》一书中就提出了"学校文化"一词。华勒给"学校文化"下的定义是："学校中形成的特别的文化。"我国台湾学者林清江在其《教育社会学新论》中把"学校文化"定义为："学校中各组成分子所构成的价值及行为体系。"我国台湾学者吴清山说："组织文化是一个组织经过其内在运作系统的维持与外在环境变化的互动之下，所长期累积发展的各种产物：信念。价值、规范、态度、期望、仪式、符号、故事和行为等，组织成员共同分享这些产物的意义后，会以自然而然的方式表现于日常生活之中，形成组织独特的现象。"我国学者朱颜杰认为："所谓学校文化，是指一所学校内部所形成的为其成员共同遵循并得到同化的价值观体系、行为准则和共同的作风的总和。"我国学者安文铸则使用了"校园文化"概念，强调学校文化的"校园"地域特性，认为"中小学校园文化是指以中小学校园为地理环境圈，以社会文化为背景，以学校管理者和全体师生员工组成的校园人为主体，在学校教育、学习、生活、管理过程中的活动方式和活动结果。这种方式和结果以具有校园特色的物质形式和精神形式为其外部表现并影响和制约着校园人的活动与校园人的发展。"并认为："这一界定反映了文化的普遍存在性、全面包容性、主客体统一性、动态发展性，特别是揭示了校园文化的本质意义在于影响和制约校园人的发展。"综合以上种种定义，我们认为：

学校组织文化指的是：学校在长期的教育实践和与各种环境要素的互动过程中创造和积淀下来并为其成员认同和共同遵循的信念、价值、假设、态度、期望、故事、轶事等价值观念体系，制度、程序、仪式、准则、纪律、气氛、教与学的行为方式等行为规范体系，以及学校布局、校园环境、校舍建设、设施设备、符号、标志物等物质风貌体系。学校组织文化是各种文化要素的相互整合的产物，是一学校区别于其他学校的重要特征。

学校文化的内容结构

学校组织文化的内容十分丰富，研究者从不同的角度对学校组织文化的构成要素进行了分析，从而有助于我们进一步理解学校组织文化的内涵。

学校组织文化有主流文化与亚文化之分。所谓主流文化，指的是为大多数组织成员所共同抱持的核心价值观，在规模较大的学校组织中，与主流文化同时并存为一部分成员所拥有的文化便是亚文化。当我们讨论学校组织文化时，一般指的是主流文化。

我国台湾学者林清江认为，学校组织文化包括以下六个方面：

（1）教师文化：教师是学校组织体系中的领导者，其价值观念及行为方式对学校文化影响甚大。教师文化呈现三种相互对立的形态，分别是学术中心（长于研究拙于教学）与教学中心（重视教学忽视科研）的对立；专业取向（将教师工作看作是自己一生的专业追求）与职业取向（将教师工作仅仅视为谋生的职业）的对立；教学者与学习者的对立。哈格里弗斯则认为，教师文化有四种不同的形态，即个人的文化：教师彼此隔离，其主要精力用于处理自己课堂事务；分化的文化：教师的工作彼此分立，有时会因为权力与资源而相互竞争；合作的文化：这种文化建立在教师之间的开放、互信和支持基础上；人为的合作文化：教师被要求围绕行政人员的意图与兴趣（这些意图与兴趣往往是在其他地方形成的）进行"合作"。个人的文化与分化的文化是学校中较为常见的教师文化；人为的合作文化则给人以合作的假象；唯合作的文化既有助于教师的专业发展，也有利于学校文化的整体发展，是一种理想形态的文化。

（2）学生文化：学生是学校教育的对象，学生的价值及行为不仅受社会文化的影响，而且，由于学生正处于身心发展的特殊阶段，学生文化具有独特的特征与性质；学生在班级和学校的生活或活动中，同辈团体相互影响，共同形成特殊的价值与行为，并成为学校文化的重要方面。

（3）行政人员文化：学校行政人员文化具有潜在文化和非显著文

化的性质，一般说来，行政人员的潜在文化与学校主流文化部分相符，有些行政人员对学生的态度或关系，与教师的专业态度或关系不同，因而产生不利于学生发展的影响。因此，学校行政人员文化对于学校事务的解决、对于学生的发展等都会产生深刻的影响。

（4）社区文化：学校所处的社区的文化是学校的外部环境，对学校发展影响甚大，它主要通过两种途径来影响学校教育，一是社区环境影响学生思想与行为，二是社区环境直接影响学校教育教学活动与措施。

（5）学校物质文化：学校所处的物质环境、校地大小、建筑设备、庭园布置等，都属于学校物质文化的范围，也是构成整体学校文化的重要因素。学校物质文化对学生的心理发展、价值观念与态度、学习方式等都会产生很大影响，学校的文化传统往往可以藉学校物质文化予以保存与传递。

（6）学校制度文化：学校中的传统、仪式、规章与制度，都是学校的文化规范。在学校生活中，学校的文化传统不论合理与否，都会通过学生的同辈团体、班级、年级等代代相传；学校在学习、运动与生活方面的仪式是学校文化的象征，对学生的学习与发展有着深刻影响；相比之下，学校规章制度比学校仪式更具强制性，适宜的学术传统及教育期望，均已融入学校的各种规章之中，成为约束学生行为的规范体系。

有的研究者认为，学校组织文化包括以下五个方面：

（1）成就目标与成就意识。学校要有符合时代特征、又有个性特点的成就目标。根据各个学校条件，目标大小及水平高低会有所区别，但是否具有进取、革新精神则是重要的文化标识。同时，学校是否鼓励成员的成就意识，工作气氛是否以教育和学术研究为重心，以及日常活动中是否培养勤奋、严谨的作风等等，都是学校文化的基本内容。

（2）成员对学校目标的认同程度及由此所体现的组织凝聚力。包括师生员工与组织目标保持一致的程度，承认学校团体利益高于个人利益、愿为学校发展付出努力与代价的程度。这一指标的直接感性体现是学校员工与领导之间的相互关系。

（3）对人的关注。管理者普遍对人的本性抱有一种什么样的哲学观；教师普遍具有什么样的学生观；是否尊重每个人的人格，对所有人都公正无私，一视同仁；是否对有缺点的人抱有宽容、帮助的态度；是否真正认可师生员工的主动精神、尊重他们的民主权利。

（4）对控制的态度与操作。控制是用于监督和约束学生与教职工行为使之符合规定要求的管理行为，控制在不同的组织、任务和对象面前是有不同要求的。控制的文化冲突表现在如何处理执行制度与关怀人、尊重人、促进人的发展的关系上。

（5）学校与社会环境的关系。学校是否勇于承担应负的社会责任，将公众利益放在首位；是否具有开放的态度，有远见地适应环境变化，不断对自己进行革新。

上述研究都不同程度地分析了学校组织文化所涵盖的内容，所描述的每一方面内容，对学校组织文化的构成而言，都十分重要，值得学校管理者在日常的学校管理工作中省察。

从文化的结构来看，一般认为，文化作为一个整体，由三个层面构成，即物质文化、规范文化和精神文化。

物质文化是马克思所说的"第二自然"或"人化的自然"，对象化了的人类劳动，是主观精神文化的物化。规范文化即典章制度及维系个体生活与一定文化共同体的人类关系的法则，是人类在团体中为了满足或适应某种需要所建立的有系统、有组织的社会行为模式。精神文化是一定文化共同体中的人群在其长期的社会活动中积淀而成的文化心理结构，如价值取向、审美情趣、道德观念、思维模式、宗教情绪等。这一认知模式，为我们提供了考察学校组织文化的参考框架。学校组织文化同样可以从三个层面来考察：学校精神文化是学校文化的内核，它是指学校领导与师生员工共同信奉的价值，这种信念成为学校组织成员的精神支柱，是学校教育教学活动与管理行动的指导原则。学校规范文化是指由各种规章、条令、程序所组成的条文及其执行系统、行为模式。学校规范文化包括制度文化和行为文化。规范文化为人们提供了行为框架，使所有人在这个架构内有序地工作与生活，与其他人和谐相处，从而保证学校工作卓有成效地运转。规范文化并非仅指学校条令的集合，更重要的是各种规章制度所蕴含的思想观念，如制定规章过程中的科学态度、现实精神，重视工作与尊重个人，团结一致，公正公平，追求效率等等。学校物质文化是学校中由人的活动所创造的、体现着一种精神价值的物质结构，如学校的建筑、校园环境布局与装饰等，这些物质形式是学校价值的客观反映。我们将在第二节中具体分析学校组织文化的结构。

学校组织文化的性质

华勒曾将"学校文化"定义为"学校中形成的特别的文化"。在他看来，这种特殊性体现在以下几个方面：

（1）学校文化的存在使学校的成员尤其是学生，深受各种规范的影响，从而，满足了成员的需要，进行学习。

（2）学校文化形成于年轻一代的文化和成人有意安排的文化。所谓年轻一代的文化，是学生团体中的各种习惯、民俗、民德、传统、规章，社会结构所形成的，其形态为成人文化的反映，其内容则与成人文化有别。华勒赞同他所处时代流行的文化复演说，以为儿童游戏中所表现的文化复演过去成人文化的部分内容，儿童所复演的成人文化是学校文化的一部分，学校文化同时还包括学校组织和教师有意安排的文化影响。学校具有传递文化的功能，为了使学生顺利地从儿童世界进人成人世界，教师需要在复杂的社会组织中妥善安排适宜的文化环境，这两类文化内容通常由学校的仪式与活动表现出来。

（3）在华勒看来，学校存在着文化冲突，一方面表现为教师所代表的学校组织文化与对学生产生深刻影响的地方社区文化之间的冲突，另一方面是教师所代表的成人文化与学生同辈文化之间的冲突。华勒认为，在这两类文化冲突过程中，教师总是胜利者。学校中的师生关系是一种制度化的"支配一从属"关系，师生间存在着潜在的对立情感，教师代表成人社会，这种文化所要求的规范与儿童的自发性希望处于对立状态；教师希望把学生当作一种材料加以雕塑琢磨，而学生希望自主学习，主动求知。

我国台湾学者林清江认为，学校文化的性质表现为五个方面，分别是：学校文化是一种亚文化（次级文化），它一方面反映社会文化，另一方面则又有其独特性；学校文化是一种综合性的文化，既表现为成年人与年轻人之间的文化综合，又表现为校内、校外的文化综合；学校文化是一种对立统一互见的文化，表现为教师与学生在价值观、行为形态、内在期望等方面的差异以及由此而导致的文化冲突。在同一个学校中，教师文化与学生文化又维系着对立统一关系；学校组织文化是一种兼具积极功能与消极功能的文化，学校文化功能的发挥有赖于学校管理者引导学校文化朝着有益于教育工作的开展、有利于教育目标的达成方向发展；学校文化是一种可以予以有意安排的或引导其发展方向的文化。

上述研究，尤其是林清江的研究，在一定程度上揭示了学校组织文化的本质特征。这里，结合我国中小学学校组织文化发展的具体情况，进一步详述之。学校组织文化具有如下特征：

学校组织文化的亚文化性作为社会子系统的学校无时无刻不处于社会政治经济文化的影响之下，社会政治、经济、文化领域的任何变革都会迅速地反映到学校文化中来，同时，学校文化也在不断地批判、选择、接受、传递社会的主流文化，因此，学校文化与社会的主流文化密切相关，与社会主流文化相比，学校文化处于亚文化的地位，学校文化反映了社会主流文化的基本精神。此外，学校组织的特殊目的和功能及其成员构成的特殊性都显现出学校组织文化与社会文化截然不同的特点。学校文化的这种特殊性表现在两个层面，一方面，由于学校教育是为未来社会培养人才，学校组织文化不可能认同现存的全部社会文化，而必须依据学校教育自身的原则对社会文化做出选择；另一方面，学生是学校文化形成与发展过程中的重要群体，作为成长发展中的年轻一代，他们所形成的文化往往具有鲜明的特点，例如它的时尚性、超前性等等，这些都不同于成人文化。

学校组织文化的综合性根据我国台湾学者林清江的见解，学校组织文化包括教师文化、学生文化、行政人员文化、社区文化、学校物质文化、学校制度文化等诸多层面，从某种意义上讲，学校文化是这些文化构成要素的综合和融合。从文化的主体来看，学校组织文化主要包含三个层面，即社区文化、教师文化（含行政人员的文化）和学生文化。学校的社区文化来自于学校之外，传递着社会的价值与观念，学校的传统、教学内容及行政管理无不深受国家和社区价值观与文化模式的影响；学校的教师文化在一定程度上是社会主流文化的代表，同时也是学校传统以及学校所倡导的主流文化的代表；学校的学生来自于不同的社会阶层与群体，具有不同的文化背景，因此，学生文化本身在一定程度上就是各种文化的交融。学校组织文化不是单一类型的，并非所有师生都信守同一价值观念或在同一活动中表现同样行为方式。学校组织文化的这种综合性也决定了它的多样性，在学校组织中，既有为大多数人所遵循的"主流文化"，同时也存在为少数人所拥有的"非主流文化"，当我们讨论学校组织文化时，我们一般是指对各类学校组织成员有着较大影响的学校主流文化，但是，非主流文化的作用和影响也不可忽视。

学校组织文化的整合性。如果我们从学校文化形成与发展的动态过程来考察学校文化性质的话，我们自然会发现，学校文化的综合性又突出地表现为它的整合性，即学校文化的形成与发展过程是教师文化与学生之间的冲突与和谐、对立与统一的过程。教师群体与学生群体是学校中的两大主要成员，但两者在价值观念、行为模式以至内在的期望等方面都存在着很大差异，因此，学校中的文化冲突现象十分普遍。华勒在分析这种对立的现象时指出："权威操在教师手中，教师永远胜利。事实上，教师必须获胜，否则无法继续担任教师。"他指出，教师可以合理而适当地运用权威使文化冲突变为文化整合，但是，每一次文化整合之后，新的文化冲突又会发生，教师仍须运用其权威，实现进一步的整合。由此，学校文化就是这样一个不断地冲突与整合的过程，而正是在这样一个不断的冲突与整合过程中，学校文化发挥着对年轻一代的教育功能。

学校组织文化的合目的性。尽管学校文化客观上受到社会文化的影响，但学校的领导人和广大教师总是有意识地维护和改造着学校文化，使之反映学校教育的理想与办学目标，体现出学校组织文化的合目的性。仔细研究学校文化的构成，我们会发现，学校文化由两部分构成，一是自然形成的文化，这类文化既有积极因素也有消极因素，二是学校领导者与广大教师有意识有目的地努力形成的文化。换言之，学校的教育者总是努力发挥学校文化中的积极因素的作用，而尽量消除那些消极因素之于年轻一代的影响，从而使学校组织成为一个理想的文化环境。此外，当学校教育的理念发生变化时，学校教育者也总是有意识地改造学校文化，使之符合先进的教育理想。进而言之，倘若学校文化失去了合目的性这一特点，学校组织的教育功能也会随之丧失殆尽。

总之，学校组织文化作为一种社会组织文化，它总是选择和吸收社会组织文化，特别是其中的有价值的成分，并根据一定的原则，加以合目的性的改造，吸取其精华，剔除其糟粕，并通过学校教育教学活动和管理活动，不断加以融合，形成具有自身特色的组织文化。

学校组织文化的功能

无疑，学校组织文化之于学校组织以及组织成员的发展，发挥着十分重要的作用。许多研究者曾较为深入地分析和探讨学校组织文化的功能，但大多数研究者仅注意学校组织文化的正向功能（积极功能），而相对忽视其负向功能（消极功能）。实际上，在任何一个组织当中，组织文化的这两种功能都不可避免地存在着。

（1）学校组织文化的正向功能。

台湾学者陈慧芬在研究组织文化的功能时注意到，组织文化具有促进系统的稳定、提供意义的理解、增进成员的认同、划定组织的界限、作为控制的机制、激发成员的热情、提升组织的表现等功能。美国管理学家罗宾斯则认为，组织文化在组织中扮演着厘清界线的角色，使组织不同于其他组织；组织文化可以增强组织成员的组织认同感、自豪感；组织文化具有凝聚功能，可以提高组织系统的稳定性；此外，组织文化还发挥着澄清疑惑与组织控制工具的作用，并有一套虽然没有明文规定但为每一位员工认同并遵守的游戏规则，起着规范员工行为的作用。美国学者舍恩认为，对学校组织文化的研究，应从组织本身与组织成员两个方面来考虑。就前者而言，组织文化为组织提供了共同的意识形态、信仰、观念体系甚至是共同的语言，增进组织沟通，化解冲突和矛盾，整合各种组织要素，提高组织效能，达成组织目标，提高组织适应环境持续发展的能力，组织文化也因此而将某一组织与其他组织区别开来；就后者而言，组织文化有助于增进成员之于组织的认同感，提高向心力和凝聚力，增进员工的荣誉感，降低员工焦虑等等。

简而言之，学校组织文化的正向功能包括以下几个方面：

标识功能。学校组织文化是学校组织区别于其他组织的界限。学校组织文化使学校呈现某种独特的氛围，使学校与其他社会组织甚至其他学校区别开来。不仅如此，学校组织成员，如教师和学生，长期受到学校组织文化潜移默化的影响和熏陶，对学校组织文化所蕴含的意义与价值有较深入的理解与体会，也会表现出某种特有的气质，从而与其他组织成员区别开来。至于学校校训、旗帜、口号甚至校服、建筑等蕴含学校文化价值的文化资源，更是学校组织十分显明的标识物。

稳定功能。学校组织文化是学校共有的价值与意义体系，在学校系统的运作与发展过程中，往往成为组织团结与稳定的重要力量，使学校组织能够面对并解决来自学校内部与外部的种种环境挑战，使学校组织免于混乱与动荡，也减轻学校组织成员面临各种不确定因素而产生的焦虑，确保基本的组织安全与保障。

导向功能。学校组织文化是社会文化系统中的亚文化，它同时又是学校领导者和教育者有意安排和引导其发展方向的文化。因此，学校在一定程度上反映和折射出社会文化的主体导向，并对学校组织发展以及青少年学生的身心发展起着一定的导向作用。学校管理者通过各种文化活动，把师生员工引导到实现学校目标所确定的方向上来，使之在确定的目标下从事教育、教学和管理活动。当学校的发展目标为师生员工所吸引、接受和认同，就会焕发出极大的工作和学习热情，就会在潜移默化的氛围中形成共同的价值观念，产生一种信念和力量向着既定的目标去努力。

凝聚功能。组织文化为成员提供了进一步理解、认同学校组织的载体。从根本上讲，组织文化是一种意义理解的框架，使成员了解组织的历史传统、精神、目标，组织文化也反映成员在认知、情感等方面的共识，满足成员的组织归属感。在共同的组织文化影响下，组织成员拥有共同的价值观念、工作作风和行为方式，增进成员对组织的认同感，成员之间的认同感也会得到加强，感情会更为融洽，从而减少或化解组织矛盾与冲突，同心同德，步调一致，共同为实现学校组织目标而努力。因此，学校组织文化为组织成员提供共同的知觉、思考、理解的模式，是组织整合与成员沟通的重要基础，是联系和协调学校所有成员思想与行为的纽带，具有较强的凝聚作用。在学校管理实践中，当一种观念被教职工认同后，就会以一种"润物细无声"的方式来沟通人们的思想，产生对学校目标的认同感，从而形成一股强大的凝聚力量，并由此产生巨大的整体效应。

激励功能。学校组织文化是一种内化的规范的力量，组织成员对学校组织文化的理解、认同，他们所信奉的价值以及蕴藏于内心的无意识的假设等等，都可能激发、驱使组织成员对学校组织的生存与发展、对学校教育事业的改革与发展等，投入极大的热情与关注，从而不计个人利害得失，以积极的态度和热诚投身到学校工作之中。

规范功能。学校组织文化的规范功能一方面体现在组织建设上，另一方面体现在学校组织成员的行为规范上。就前者而言，学校组织文化为学校教育教学工作和学校管理工作的开展提供了活动的框架。学校在进行组织结构设计、制定和实施组织规章制度、解决组织冲突与矛盾的过程中，都离不开对学校组织文化所蕴含的意义与价值的理解，学校的各种制度与规范都会与学校的主流文化保持一致。就组织文化对于组织成员的行为规范而言，在学校组织运行过程中，学校组织文化为学校成员提供了某些思想与行为的规范与标准，组织成员也能感受到身为组织一员应履行的组织角色，如果自己的言行举止符合组织文化的要求，则较易被组织接纳，反之，往往会被边缘化，甚至被淘汰。学校组织文化中蕴含的道德与规范，会使成员感受到一种无形的心理压力，人们为了取得心理平衡而自觉地服从团体规范，从而形成良好的行为习惯，从而形成心理相容、和谐有序的组织氛围。这里，我们看到，学校组织文化的规范与约束作用往往表现为成员的自觉行为，而非组织强迫，而学校规章制度、政策法规等的规范作用则具有强制性质，两者有着很大的差别。当前，许多学校管理者注意到学校组织文化是强化学校组织控制与管理，提高组织效能的有效手段，所强调的也正是这种"柔性管理"。

教育功能。学校组织文化的教育功能与其规范功能相类似，只不过两者的视角有所不同。学校是培育人才的场所，学校中的各种教育教学活动与管理活动，无不要围绕学校的教育目标展开。无论是校内的各种媒体（包括报刊、广播、电视、电影、黑板报、网络）、场馆（图书馆、科学馆、体育馆等）、教学设备，还是良好的校风、校貌，各种规范、规章，以及悠久的学校历史传统和独特的办学风格，都以其蕴涵的文化力量潜移默化地影响着、教育着身处其中的学生，从而使学校组织文化的教育功能展现出来。此外，学校中优美的校园环境、良好的师生关系、民主的管理氛围、丰富多彩健康向上的社团活动，无一不给人以身心愉悦之感，长期置身于这样的文化氛围之中，易形成积极、乐观、向上的价值观和生活态度。有人认为这是学校组织文化的审美功能，实际上，学校组织文化之于人的这种影响应属教育功能之列。

（2）学校组织文化的负向功能。

研究者大都注意到学校组织文化的正向功能，而较少关注学校组织文化所不可避免的负向功能。我们可以从多种角度来认识组织文化的负向功能，例如，矛盾与冲突尖锐的组织文化，必然带来组织整合、行政运作方面的困难，并导致组织效能的低下。学校组织的保守性，决定了学校组织文化强调稳定、平凡、规范的一面，这往往使学校陷于封闭、呆板，排斥创新与改革；而形式主义盛行的组织文化具有反求真、不务实、反科学的负面功能；权威主义的组织文化具有反民主、反专业的负面功能；落后的组织文化具有反革新、反适应等负面功能，影响学校组织适应环境持续发展的能力；功利主义的组织文化则追求实惠，具有反教育、反理想、反价值的负面功能等等。这些例子似乎有些极端，通常情况下，学校组织文化的负向功能往往会在下列情况下表现出来：

主流文化与亚文化的矛盾与冲突，导致组织整合困难。每一社会组织都存在许多的亚文化，而且，这些亚文化往往与主流文化之间、亚文化与亚文化之间都在一定程度上存在着矛盾与冲突，所以，人们称学校中的亚文化为"冲突的亚文化"。

在学校组织中，一旦整体性的学校组织文化（或学校主流文化）与次级组织文化产生冲突，就会给组织整合带来诸多困难，并导致组织效能的下降。因此，在学校组织中，积极培育一个强有力的主流文化，是十分必要的，只有当学校的主流文化为成员所理解、接受、认同并内化为内在价值，才能避免亚文化与主流文化的尖锐冲突甚至亚文化凌驾于主流文化之上的危机。

学校组织文化的保守性成为学校组织的变革的障碍。从根本上讲，学校组织文化是一种保守性的文化，学校总是将人类文明积淀下来的既成文化成果传递给年青一代；学校教育的性质决定了学校教育过程往往是一个文化积累的过程，而不是一个文化创新的过程；学校教育（文化影响）的成果往往具有长期性、滞后性的特点，这些都决定了学校组织文化所不可避免地具有的保守性质。我们可以从多种角度来认识学校文化阻碍学校组织变革所表现出的负向功能。首先，学校组织文化促进了学校组织的稳定与安全。但是，当学校组织面临外界环境挑战，需要进行变革时，学校组织文化往往会表现出一种安于现状的惯性或惰性，使得学校组织无法做出即时的反应，顺应环境的变迁，适时扭转劣势或创造先机。其次，学校组织文化促进成员对组织的认同，在思想与行动上达成共识，有利于培育员工对学校组织的忠诚。但是，这也有可能使学校组织成员产生依赖情结，陷入不切实际的陶醉与乐观，而当学校组织面临困难与挑战时，则容易形成群体的逃避情绪。第三，学校组织文化对学校成员的思想与行为具有一定的规范与控制作用，这有助于维护和巩固学校组织系统。

但是，这也往往会使学校组织排斥各种新观念的影响，减少组织变革与发展的机会。第四，在特殊的情况下，如果学校文化与学校组织目标发生偏差，并且为多数组织成员所认同，学校文化就会引致错误的组织发展方向，非但不利于组织目标的认同，反而会妨害组织目标的达成以及组织的持续发展，这种文化影响越大，学校组织所蒙受的损害越多。此外，对于一些办学历史悠久的老学校而言，学校传统的文化积淀甚厚，往往为学校领导者与广大员工视为学校发展过程中的精神财富。但是，这种精神财富也使之成为学校变革与创新的障碍，使学校组织运作僵化，不能应时代变迁而进行变革。

总之，学校组织文化在组织的稳定与发展、组织效能的提升、成员的归属、认同与沟通等诸多方面都发生着重要影响；学校组织文化也存在着阻碍组织变革、主流文化与亚文化矛盾与冲突等负向功能。对于学校管理者而言，应当注重学校文化的培育，重视发挥学校组织文化在学校改革与发展中的正向功能，避免或克服各种负向功能，因势利导，促进学校教育教学质量的提高，进而收到事半功倍的管理效果。在第一节中，我们曾提出，可以从精神文化、规范文化和物质文化三个层面来分析学校组织文化。本节将依据这一分析框架，对学校组织文化进行较为详细的分析。

15. 学校的规范文化

可以把学校规范文化分化为学校制度文化和行为文化来分析理解。

学校制度文化

制度管理是学校管理的基本形式，学校制度文化是学校规范化管理的基础。优良的文化行为需要辅之以规范化的常规管理。学校文化的形成，尤其是学校组织建立之初，需要一系列的规章制度对学校教职员工和学生的管理、教育、教学、学习、生活等各类行为加以约束和规范。学校成员通过接受、认同、遵守、内化等由浅入深、由外而内的心理过程，使这些被作为强制力量的规章制度成为学校的群体规范。实践证明，严格的规章制度往往是独具特色的学校文化的基础。学校管理制度，既包括以教育法规、条例、规程、规定等形式稳定下来的有关学校管理的基本规律和基本要求，也包括在学校教育工作中长期形成的符合教育规律、行之有效、相对稳定的规章制度、工作规范和传统风气。简言之，学校管理制度就是一所学校在长期的教育实践过程中形成、积累下来并行之有效和相对稳定的一整套规范、章程和制度等的总称。因此，学校制度文化是指学校文化中的制度部分，包括学校各种条例化、文本化的规章制度、行为规范、纪律等，以及学校中那些无形的习惯、约定俗成的规范等等。学校制度文化往往体现和规范着学校组织中比较稳定的互动模式和交往关系，反映了学校组织中各种不同的社会地位和角色特征。学校制度的制定与执行情况，往往从一个侧面反映了制定者和执行者的教育思想和价值观念，从而形成一种学校组织特有的文化现象。

学校管理制度从权限层面上可以分为国家制定的部分、地方教育行政部门制定部分，以及学校根据自身的情况，在遵循上级部门文件精神下制定的部分。其中，国家制定的部分其内容十分广泛，有全国人民代表大会以法律形式颁布的，如《中华人民共和国义务教育法》、《中华人民共和国教师法》、《中华人民共和国教育法》等；有中共中央、国务院颁布的，如《中共中央关于教育体制改革的决定》、《中国教育改革和发展纲要》、《教师资格条例》等；有教育部以及其他部委颁发的，如教育部《关于加强大中城市薄弱学校建设办好义务教育阶段每一所学校的若干意见》、《关于加强基础教育办学管理若干问题的通知》、《爱国主义教育实施纲要》、《普及义务教育评估验收暂行办法》、《体育工作条例》、《卫生工作条例》等等。为了落实国家相关教育法律，法规，各地区教育行政部门根据本地的教育实际，亦相继颁布一些教育法规文件，以规范学校管理和教育教学活动，如各省、市、自治区教育行政部门为了推动本地区学校内部管理体制改革，制定并颁布的有关学校校长负责制、校长职级制、教师聘任制、教师岗位责任制等相关制度。至于学校根据自身实际制定的各种学校管理制度则更具体，主要表现为学校各种岗位职责、教职工薪酬（奖励）制度、教育教学管理细则、考试制度、学生管理制度等等。若按照学校管理制度发挥作用的对象来划分，则涉及学校管理工作的各方面，如有的学校按照人、财、物、时间、信息等方面来制定；有的学校按教学工作、德育工作、总务后勤工作等方面来制定；有的学校按照部门职责、集体活动准则、岗位职责等方面来制定；有的学校按照组织机构职能、人员岗位规范、各种规章制度等方面来制定。每个方面又进一步细分为若干层级和类别。

通过各类、各种形式的规定制度，来限定、约束学校教职员工及学生的行为举止，是学校建立和完善学校制度文化的目的，因此，学校制度文化往往表现以下特征：

（1）政策性。国家和地方教育行政部门制定的学校管理制度本身就具有很强的政策性，学校自身制定的管理规定也是根据党和国家的教育方针、政策制定的，其各项要求和规定都必须符合党和国家的政策法令、法规，符合教育方针、政策，符合国家颁布的有关条例守则等。

（2）科学性。学校管理制度应反映学校教育教学的基本规律和学校实际情况，对师生员工的工作、学习、生活、劳动、文娱、体育等活动要进行统筹安排，提出严格科学、合理合法、切实可行的要求。

（3）稳定性。学校管理制度旨在规范学校处于某一历史发展阶段的活动与工作，是根据学校教育教学规律、学校管理规律以及人才培养规律而制定、并为广大师生员工认同和遵守的规定和法则，它在一定程度上规划了学校在一定历史发展过程中的结构性框架。因此，学校管理制度应在一定的历史时期内保持相对稳定。

（4）严肃性。学校管理制度的制定要遵循科学的、民主的、公正的程序，广泛听取各方面的意见和建议。但是，学校中的各项规章制度一经制定并公布实施，学校广大师生员工理应维护其严肃性，任何人都必须严格遵守，做到令行禁止，赏罚分明。

（5）教育性。学校管理制度是学校师生员工共同遵守的行为准则因此，各种规章制度以及每一项具体的条款的制定与实施，都应坚持以人为本的原则，赋予学校各项工作以教育意义，从教育的目的出发，有针对性地对师生员工进行教育。

学校行为文化

所谓学校行为文化，是指学校主体所表现出的文化形态，其内容包括：一是师生员工的生活方式、行为方式、思维方式以及在此基础上形成的校风、教风、班风、学风等学校气氛；二是表现为多种形式的文化、体育、娱乐活动。学校行为文化是观念文化的外化。

美国学者萨费尔与金认为，如果学校文化是显著的，那么教学改进将是有意义的、持续不断的和普遍的；反之，如果学校文化呈弱势状态，那么学校教学的改进将是短暂的、散漫的和缓慢的。他们认为，有十二种行为文化影响学校的改进：

（1）同心协力：学校员工相互协作。

（2）尝试新事物：教学是一种充满智慧的有意义的活动，教学管理人员应激励广大教师勇于尝试新的思想和技巧。

（3）高期望：学校教师和管理人同不断追求卓越，并对学校寄予高期望。

（4）信任与信心：教学管理人员与家长信任教师的专业判断与承诺，教师有信心促进自己的专业能力的发展，设计恰当的教学活动。

（5）明确的支持：教师在教学改革过程中需要支持时，学校及管理人员能够给予时间与资源方面的支持。

（6）具有知识基础：教师具有丰富的教学技巧、教学方法以及关于学生学习、学生认知与情感发展的知识基础，而且这些知识基础具有实用性与可行性。

（7）赏识与认可：在学校活动中，教师有良好的教学表现，应得到赞誉与鼓励。

（8）关怀、庆祝与幽默：学校不定期举办各种庆祝会，以显现彼此的关心，对同事有幽默感，形成一种和谐的气氛。

（9）参与决策：鼓励教师参与学校决学校决策，激发教职工的凝聚力与向心力。

（10）维护学校的重要之事：教学与学习是学校的重要之事，管理人员应使各种会议与行政事务减到最低程度，以免影响教学。

（11）传统：任何学校都有自身的传统，这些传统或表现在学校仪式上，或表现在学校活动上，它们是学校生活的一部分。

（12）诚实、开放性沟通：教职员工坦诚相见，彼此诚恳地表达意见，避免无谓的猜忌。

学校行为文化在很大程度上体现在学校组织气氛上。所谓组织气氛，是指一所学校区别于另一所学校的一系列组织心理特征，主要包括学校组织成员共同的价值观念、社会信念和社会标准等。这里，共同的价值观念是对事物的一种认同，例如善良、成功、务实和工作等；社会信念是对人及其社会生活性质的看法，例如学生、教师和管理人员相互间的态度；社会标准是关于社会生活中合适举止的一种认同，例如有关穿着的规范和反对偷窃的准则。它是一个组织内部长期形成的既可以让成员亲身体验到又对成员行为产生影响的文化氛围。

同样，教师作为一个组织群体，也有四种不同的行为特征对学校气氛产生很大影响：

（1）敷衍了事：指教师缺乏真正的工作责任感，在工作过程中有只想"快点完事"的倾向。

（2）障碍：指教师疲于行政事务和其他毫无必要的"麻烦事"，在这样的学校里，教师超负荷地做着各种与教育教学无关的事务，教育教学工作失去了作为学校重心工作的地位，处于被忽视、被耽误的境地。

（3）精神状态：指教师群体的道德、精神和士气。不同学校的教师，有着不同的精神状态，有的士气高昂、精神饱满，有的则士气低落、萎靡不振。在以高昂的精神状态为特征的学校里，教师情绪高涨并全身心投入教育，他们彼此赞赏，互相尊重、帮助，全力以赴地工作并忠诚于自己的学校。哈尔平认为，这种学校里的教师在满足他们个人社会性需要的同时，亦切身体验到专业成就的意义与价值。

（4）亲密：指教师之间分享温暖的相互信赖的程度，亲密可以满足教师个人的社会性需要。在以高度亲密为特征的学校里，教师以开放的心态，彼此信任，相互评价，共同参加校外社会性活动，深入讨论私事，而在其他学校里，教师却很少向他人敞开心扉，展现自我。

哈尔平与克罗夫特将校长行为特征与教师行为特征联系起来加以综合研究，结果发现了六种不同的学校气氛，其中，封闭性组织气氛和开放性组织气氛代表了两种极端的组织气氛类型。

开放气氛指以高昂的精神和由教师表现出来的低度的敷衍了事、高度的推进力为特征的氛围。在这样的学校里，校长精力充沛，而且关心、体贴甚至同情教师，不需要对教师严加管束，但确能控制和指挥教师，做到令行禁止；校长能与教职工和谐工作，促使学校发展。

在开放气氛的学校里，教师往往把校长的行为看成是官方角色同校长个性特点的必然结合，他们认同规章制度，并不认为是一种负担或束缚；教师觉得工作称心如意，学校鼓励教师发挥创造力自行解决工作中的各种困难和问题，战胜挫折；教师为自己是学校的一员而自豪，教师之间虽然不是高度亲密，但彼此配合默契，共同维护学校的利益，促进学校组织不断进步。

自主气氛指以高度冷淡与低度体贴关心为特征、近乎完全自由的组织气氛。在这样的学校组织中，"精神状态'与"亲密"比较高，而且"敷衍了事"或"障碍"少。教师根据自己的愿望工作，以满足自己的社会性需要。另一方面，校长相对冷淡，在监督方面较为宽松，对教师的体贴关怀；动程度较低。

控制气氛指以高度注重工作、高度障碍和低度亲密为特征的组织气氛。这样的学校组织往往为了追求努力工作而以牺牲社会生活为代价。教师们的非教学性工作繁重，较少人际交往。校长本人努力工作，在学校管理过程中起支配作用，但为人冷淡，不太关心下属。

随意气氛指以低度注重工作、低度障碍和高度亲密为特征的组织气氛。在这样的组织中，校长高度关心体贴员工，为人热情，但不关心工作，由此，教师们较多地关注个人生活，而远离工作，其结果往往是组织气氛非常友好，但工作成效甚微，可以说，良好的组织气氛是以牺牲工作为代价的。有人将这样的组织气氛称之为联谊会式组织气氛。

家长气氛指以低冷淡与高体贴为特征的组织气氛。在这样的组织中，校长是体贴的、热情的，但对于工作的强调过于唐突，从而导致工作效果极差；教师并没有过重的负担，但彼此之间往往不能很好相处，反而形成不同的竞争派系。这样的学校组织中的校长往往被看成是有较多仁慈的独裁者。

封闭气氛指以低精神状态、高敷衍了事、低推进力为特征的学校组织气氛。在这样的学校里，校长注重规章，讲究照章行事，且常常主观武断，采用军事化、命令式管理方式；待人冷漠，高度冷淡，不近人情，毫无体贴可言，一味督促教师拼命工作。教师敷衍塞责，不能团结协作做好工作，认为校长在工作方面缺乏个人主动性，而且对他们的工作设置重重障碍，在为教师排忧解难方面更缺乏独创精神，不关心他们的个人福利，也不能有效地领导，因而对工作心怀不满，情绪低落，在极端的情况下，一些人纷纷要求离职他去。这是一个既不能很好地完成任务又缺乏社会满意度的组织氛围，员工往往把学校发生的问题归因于自己不能控制的外部力量。

将这六种组织气氛由开放至封闭联系起来，便形成一个组织气氛连续体。它表明：开放意味着人们相互作用的真实性与可靠性，还意味着满足个人需要与完成学校工作的有效结合；而封闭则意味着虚假性与非可靠性，并意味着既不能满足个人需要，也不能满足职业角色要求。各级各类学校，都应根据自身的实际情况，结合学校校长与教师的个性特征，有意识地努力营造适合学校组织发展的组织气氛。

关于学生控制的研究

学生是学校活动的重要主体之一，学生活动与学校组织气氛密切相关。诸如沃勒、威洛厄和琼斯等许多学者，从社会系统的角度出发，将学生控制作为学校社会系统的关键因素之一，从分析学生控制入手，来研究学校组织气氛，说明教师与教师、教师与校长等多方面的行为关系。

所谓学生控制，即学校领导和广大教师对学生的看法及其相应的管理方式。由于对作为受教育对象的学生的认识的不同，因而出现了不同的学生控制取向，由此也就形成了不同的学校组织气氛。就学生控制的类型而言，监管型取向与人本化取向代表了两种不同的学生控制取向。在监管型取向的学校里，教师认为学生自由散漫、缺乏责任感。因此，往往以惩戒的方式来控制学生的行为，要求学生绝对服从自己的命令，冷酷、挖苦、戒备与不信任等无所不在，师生之间信息沟通是下行的、单向的，且保持泾渭分明的界限。总之，监管型学校往往被视为专制型学校，学校重视维持秩序，学校中到处弥散着一种刻板的、拘束的、沉闷的组织气氛。在人本化取向的学校里，倡导学生自我约束，并以自我约束替代教师的控制。因此，师生交往频繁，信息双向沟通，学生的自治自理能力、发现问题分析和解决问题的能力都有所提高，整个学校充满民主和谐的气氛。随着学生自主意识与社会民主意识的加强，人本化取向的学校越来越取代监管型学校。

校风研究

在我国，有关学校组织气氛的研究大都以校风研究之名出现。就校风而论，我国早期的马克思主义教育理论家杨贤江曾经明确指出："校风是一个学校内的人物在各方面生活上所表现出来的一种态度和趋向。所谓人物是：校长、教职员、学生、校役等；所谓各方面的生

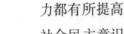

活是：学艺、健康、社交、服务等；所谓态度及趋向是：适合时代、环境及他种情形的要求等。由这种种要素融合成的'空气'，就是所谓的校风。"学校校风具体表现为领导者的工作作风、教师的教学作风、学生的学风和职工的工作作风，即校风是教风、学风和学校领导作风的函数。教风是教师职业道德、工作态度、专业知识、教学能力和教学方式等的综合表现。学风是学生学习动机、兴趣爱好、学习方式和价值观念等的综合表现。学校领导作风是学校领导者的工作态度、工作方式等的综合表现，这三种风气相互影响即形成校风。校长是学校的组织者和领导者，优良的校风要靠他们去倡导。实际上，校长的工作作风对校风的形成与改造有着十分重要的影响。可以说，有什么样的校长就会有什么样的校风，例如民主型的校长与独裁型校长所倡导并产生影响的校风便有着很大的差异。教师是学校教育理念、办学策略的具体执行者，教师与学生的接触是直接的、频繁的，在教与学的过程中，在教师与学生之间的交往与沟通过程中，教师的思维方式、治学态度、行为活动等无不直接影响着学生的品德、言行和知识的积累和才能的增长。因而，教风之于学风，其影响是直接的、重要的、具有鲜明的导向性，起着决定性作用，是校风建设中的主导因素。

16. 校园的廉洁文化

胡锦涛总书记在中纪委五次全会上提出，要把廉政文化建设作为建设社会主义先进文化的重要内容，促进全社会形成"以廉为荣、以贪为耻"的良好风尚。同时要求全党在加强党风廉政建设、严厉惩治腐败分子的同时，进一步探索有效预防腐败的思路和办法。这表明，在一靠制度、二靠监督的权力制约机制的基础上，在全社会范围内通过教育等途径加强廉政文化建设已经成为反腐倡廉的重大任务之一。

各级各类学校担负着培养和造就社会主义事业接班人和建设者的重任。而广大青年学生是祖国的未来、民族的希望，他们是否具有坚定的廉洁信念，将直接影响他们如何正确看待权利和金钱，影响到若干年之后我们国家的社会廉政风气。因此，加强校园廉政文化教育显得势在必行，也是我们各级纪检机关和教育工作者面临的新的课题。

结合学校当前开展校园廉政文化建设的一些实践与探索，现就如何推进校园廉政文化建设作以探讨。

树立正确的校园廉政文化理念

廉政文化是人们关于廉政的知识、信仰、规范和与之相适应的生活方式及社会评价的总和。它作为一种潜在的力量，为反腐倡廉提供了智力支持、思想保证和舆论氛围。全面推进校园廉政文化建设，对于加强校园建设，培养学生崇廉敬德的思想品质、弘扬整个社会的廉政文化、促进社会和谐发展具有十分重要的意义。新加坡前总理李光耀曾说：中国在 21 世纪的发展变化取决于三个条件，

（1）中国的下一代有没有信仰。

（2）中国的下一代有没有责任感。

（3）中国的下一代能否实现廉政。

现实的发展启示我们，加强校园廉政文化建设已成为我们的当务之急。2005 年 1 月 3 日，中央颁布了《建立健全教育、制度、监督并重的惩治和预防腐败体系实施纲要》，明确提出：要大力加强廉政文化建设，积极推动廉政文化进社区、家庭、学校、企业和农村。

2005 年 7 月 1 日，教育部又下发《关于在大中小学开展廉洁教育试点工作的意见》，强调：结合大中小学思想道德教育的整体规划，积极推进廉洁教育进课堂、进校园、进学生头脑、立足当前、着眼长

远、因势利导、循序渐进，不断增强廉洁教育的针对性、实效性和吸引力、感染力，培养青少年学生正确的价值观念和高尚的道德情操。这都为我们树立正确校园廉政文化理念指明了方向。

作为社会教育机构，必须确立崇尚科学文化、弘扬传统美德、追求真理先进、激发创新精神的文化建设目标，树立"以廉为荣、以贪为耻"的思想理念，综合运用思想教育、纪律教育、法制教育等手段，积极倡导廉政文化、奉献文化、守纪文化、礼仪文化等，营造出正气昂扬、清廉文明、和谐发展的舆论氛围，引导广大师生明辨是非、区分善恶、分清美丑，使廉政文化理念入耳、入脑、入心，成为每一名教师和同学的座右铭。

建立良好的校园风尚

好的校风能激发和凝聚学校成员的内在动力，催人奋进。要坚持把廉政教育作为学校工作的一项长期性、基础性的工作来抓，把思想教育、纪律教育、法制教育与社会公德教育、职业道德教育紧密结合起来，贯穿于学校教育教学的全过程。

当前，要按照教育部办公厅《关于在大中小学开展廉洁教育试点工作的意见》和《关于进一步加强和改进师德建设的意见》，突出对教师特别是党员干部教师的反腐倡廉教育，严肃惩治各种不正之风、违纪违法行为，用行之有效的教育手段来激浊扬清，提高师生对腐败的认识、对党和政府的信任及对伦理道德的评判标准；要坚持廉政文化建设与党员先进性教育相结合、与校园文化建设相结合、与党风行风师风建设相结合、与学校素质教育相结合，注重教育的多层性、针对性和实效性，不断树立党员干部和广大师生"崇廉尚洁"的思想道德观，促进校风、教风、学风的根本好转，建立"廉洁从政、诚信守法"的良好风尚。

营造健康的文化环境

廉洁种子的生根发芽离不开一个良好的土壤。要使校园廉政文化产生良好效果，氛围的营造、环境的打造十分重要。

（1）创设廉洁的文化环境。

要立足廉政，结合校园实际，打破常规，深入挖掘新的廉洁教育资源，尽力为学生的发展提供廉洁宽阔的空间。如开辟师生廉政作品专栏，悬挂著名科学家、学者、廉官的画像，著名的治学、治教、反腐倡廉名言警句，书写催人奋进的廉政标语等。

（2）创设优雅的校园环境。

要加强校园的硬件建设，始终保持校园环境的整洁、廉明。如对学校道路、学生社区、学生公寓、文化活动场所以及绿化区要进行统一规划，做到"春有花、夏有荫、秋有果、冬有绿"，时时处处见廉洁。

（3）创设健康的外部环境。

要加强对学校周边环境的治理，特别是网吧、书吧、影视厅等的治理整顿，切实防止影响学生健康成长的文化扎根驻营。

搭建丰富的文化载体

校园是传播文化的场所，各种文化载体很多，必须综合利用。

（1）充分运用传统载体。

将廉政文化教育纳入教育教学计划，充分挖掘和利用政治、语文、历史等教材中的廉政教育资源。同时，还要组织专门人员筛选适合于各层级学生的廉政文化读本，通过开设廉政教育课程，在课堂上进行廉政文化的灌输、廉洁意识的培养。如课堂学习明朝诗人于谦的《石灰吟》，通过讲解咏颂"千锤万凿出深山，烈火焚烧若等闲。粉身碎骨浑不怕，要留清白在人间"的诗句，在广大学生中开展"说廉正、赞廉正、明廉正、做廉正"的教育，使每个学生都从形成尊廉崇廉的共识，使廉正之风走进学生心底，进而引导学生做有正气，重气节的人。

（2）扩大廉政文化阵地。

要多方设立载体，广泛搭建平台，以校广播站、校园网站、校报校刊、板报等为载体，定期播报廉政勤政先进典型的事迹，播放廉政教育录像片，发布廉政教育信息；以廉政文化宣传标语、宣传画、警示教育牌、廉政文化宣传橱窗等为载体，营造廉政文化的声势。

（3）丰富廉政文化活动。

努力做到内容时代化，内容选取上既注重吸收传统廉政文化精华，又根据时代特点，广泛吸收收集具有时代气息的廉政文化标语和易看易懂的各种漫画，强化对群众的宣传教育；

形式多样化，要根据不同类别学校、不同学生的特点，分层级、分层次组织开展廉政文化活动。如以校园文化长廊和宣传栏等为宣传主阵地，筹建设立"廉政文化宣传廊"、"廉政文化小标牌"，大力宣传廉政文化。如开展廉政事迹演讲比赛、廉政知识竞赛、学习交流会、主题辩论会、参观廉政文化教育基地、征集廉洁自律格言等活动，使廉政知识在各项活动中得到传播，增强廉政文化的影响力；

效果立体化，文字简单、主题突出，使广大师生易于认可和接受，强化了监督意识，也使大家受到长期警示。

构筑规范的管理机制

建立规范有序的管理机制，是维系学校正常秩序、推进廉政文化建设的重要保证。

（1）机构全。

要建立健全党委统一领导，党政齐抓共管，思想政治教育部门、纪检监察部门及相关工作部门各负其责，广大干部师生共同参与的领导体制和工作机制。要立足学校实际，成立由校长、党支部书记、各科室负责人、团组织等组成的廉政文化建设领导小组，定期专门研究校园廉政文化建设。同时，要充分发挥党组织和共青团、工会、妇联等群团组织的优势，通过建立学生执勤队、监察队等，增强学生自我教育、自我管理、自我服务、自我约束的能力。

（2）制度硬。

要把校园廉政文化建设纳入学校制度建设的重要内容，与学校物质文明、精神文明、政治文明建设相结合，同教育教学工作同部署、同落实、同检查、同考核。强化责任分解，严格责任考核和责任追究，确保校园廉政文化建设与学校其他工作同步发展，相互促进。

（3）方法新。

要坚持与时俱进，求真务实，按照贴近实际、贴近生活、贴近学生的原则，体现正面引导、反面警示，不断创新校园廉政文化建设的方式方法，促进校园廉政文化建设的深入和长效。

总之，校园廉政教育的成败，不仅关系着我党反腐败斗争成绩的巩固，更关系我们国家未来的建设者是否拥有正确、积极、健康的道德观念、法制意识和社会责任。搞好校园廉政教育是一项长期而任重道远的工作，不可能立竿见影、一蹴而就，它需要全体教育工作者和各级纪检监察机关的共同关注、共同探索和共同努力。

第二章

学校文化建设的实施

1. 学校文化建设策略

学校文化建设是学校管理活动的一项重要内容，关系到整个学校的精神面貌和教育教学质量的提升，因此要慎重对待。要注意的是，学校情况不同，任务就有所不同：对于新建学校来说，需要建立一种可以凝聚全校师生员工的新文化；对于老学校来说，则既面临着保护、继承、改造学校传统文化的任务，又需要根据社会与时代发展的要求与时俱进进行文化创新。在学校文化建设过程中，各个学校可以根据自身实际，采用不同的文化建设策略。

理念统整策略

学校文化是一种洋溢在学校校园之中的组织气氛，但学校文化需要包括学校领导在内的广大师生共同努力创就，而不会自发形成。由于学校文化涉及很多层面，每一个层面又包含诸多要素，因此，学校文化需要有一个文化核心加以统领，这个文化核心就是学校的办学理念。在学校文化建设过程中，需要有意识、有目的、有计划地用已为广大师生员工认同的教育理念整合各种学校文化要素，使之形成合力。

传统创新策略

学校文化是学校组织成员在长期的教育管理和教育教学实践活动中共同创造、发展，通过不断累积而建立起来的。学校文化一旦形成，就会成为一种巨大的精神力量，以"传统"或"习惯"的形式影响人们的行为取向。崭新的富有活力的学校文化总是根植于已有的文化土壤之中，是原有文化的新生和发展。所以，创建学校文化，必须要检讨学校已有的文化，注意甄别，正确取舍，继承优良传统。与此同时，学校文化的建设又需要随着时代的发展、社会的进步而不断创新，这就需要学校领导人在全面审视学校文化传统的基础上，寻找新的学校文化生长点，使传统学校文化焕发新的生机与活力。

主体参与策略

学校文化建设的主体应该是包括学校领导在内的广大师生。学校文化主体在共同的教育教学活动中共同创造着学校文化，同时又置身于学校文化氛围之中，每时每刻都受到学校文化的影响，并因这种文化影响而成为反映学校文化的载体。

校长的文化领导是校长通过发现和发展组织文化来建立行为规范的领导过程。这种领导类型尤其适合学校组织。校长需要通过观察、感受、倾听、解析等多种途径，从文化的角度来理解自己的学校，包括它的历史、形象和目标。在此基础上，创造、鼓励和完善有益于学校组织的文化，并通过各种管理活动和教育教学活动，将自身的理想、价值、行为准则等渗透到学校生活的各个方面。

教职工是学校文化建设的核心力量。学校文化的核心体现在广大教职工群体的价值观念、道德准则和行为方式上。只有提高广大教职工的思想觉悟、伦理道德、团队意识、文化素养、专业知识、教育艺术水平等整体素质，促进教师的专业发展，才能创造和传播优秀的学校文化。

学生是学校教育与文化影响的对象，学生整体素质的高下直接反映着学校教育教学质量与文化影响。在学校文化的构成中，学生文化是一个重要的组成部分，学生文化与社会文化，特别是时尚的社会文化有着紧密联系，对学校文化的形成与改造发挥着深刻的影响。在学校教育过程中，学校领导者和广大教师要在尊重学生的文化兴趣的基础上，对学生的文化行为加以正确引导，使其能真正汲取到社会主流文化的精华。

2. 培养学生的人文精神

校园文化建设的作用

校园文化包括物质文化、精神文化和制度文化。是整个社会文化的子系统，是一种引导性的亚文化，它对学生起着强烈的熏陶作用，直接影响着学生的价值趋向、人格完善以及思想、文化、心理素质的提高。在实施素质教育全过程中，校园文化承担着课堂教学无法替代的价值功能，是全面实施素质教育的重要载体，体现了学校内涵发展的精神底蕴。

（1）陶冶功能。

教育从根本上说是起着一种文化传递的作用，使人通过对文化价值的摄取，获得人生意蕴的全面体验，进而陶冶人格和灵魂，以充实生命的内涵。

（2）社会化功能。

校园文化是个体社会化的过程与缩影，它以特有的精神活动和文化氛围，使生活其中的每一个个体有意无意地与既定文化发生认同，从而实现对人的精神、心灵、性格的模塑，达到社会化的目的。

（3）教育促进功能。

课堂教学并不能满足学生的各种求知欲和业余生活的需要，他们过剩的精力也需找到新的天地。校园文化无论是扩大学生的知识面，开发学生的潜能，优化学生的情感，还是促进学生个性发展，满足学生社会交往，都提供了一个育才环境。

（4）导向功能。

学校是一个开放的系统，一个兼收并蓄的文化荟萃的场所，各种价值观念在这里碰撞。校园文化是正面的引导，还是负面的影响，其导向作用显而易见。

人文精神的内涵

所谓人文精神，指的是一种高度重视人和人的价值观的思想态度。它关注人存在的意义、尊严、价值、道德、文化传统，关注人的自由与平等，人与社会、自然之间的和谐等，也就是通常人们所说的"终极关怀"。中华民族传统文化中向来存在着一以贯之的人文精神，即以人为核心，融天地万物与人为一体，把人的伦理精神、道德情感的提升与超越放在首位。

人文精神是人本教育的核心。人本教育是"以人为本"的教育，视人格完善为教育的最终目标。突出人文科学的价值，将人文教育贯穿于教育的全部过程中，使整个教育人性化、人格化、个性化；强调学生自己去思考、感受和发现，自己体会人生道理和文化价值；强调人的自由、尊严和人格，重视学习者的自发性和主动性及发展潜能；鼓励学生自己求知、自己探索、自己去澄清，从探索和澄清中获得知识和成就感。

由于现代科学技术和生产力迅猛发展，使得社会分工更加专门化和职业化，人们的日常生活在一定程度上被程序化，人的感性一面受到压抑，而人的理性一面却得到了超前的发展，人本身也被过分地理性化了。同时，高效率的工作、生活节奏加重了人们的精神压力，冷漠了人际间的亲情关系，物欲横流更加给人类社会带来了深刻的危机和隐患，人们在精神生活方面变得更加焦虑和不安，缺乏一种对生命意义进行探寻和追问的精神，缺乏一种以人文精神为背景的生存环境和人格力量。因此，呼唤人的"精神家园"的建设，追求一种有助于个体感性与理性协调发展，群体人际关系保持和谐的精神生活已是一件非常重要的事情。

校园文化功能中的人文精神

（1）导向功能。

校园文化通过行为准则、道德规范和思维方式的教育引导，接受特定的文化氛围的熏陶和有目的筛选大众传播信息及文化知识内容，以主动的选择代替全盘接受或盲目排斥，因而发挥了一定的引导作用，校园文化又通过教育的物化形态，对校园的布局和各种设施的布置，按照一定的教育要求来精心设计，对受教育者同样起着引导、激励的功效。

另外，学校的教育思想、发展规划、办学目标等，都直接影响着师生个体乃至整个学校良好精神面貌的形成和健康发展。因此，校园文化无论从内容、方式到其形成的环境，都深刻地影响着校园成员的思想品德、行为规范和生活方式的选择，潜移默化影响人的发展，具有很强的导向功能。

（2）凝聚功能。

校园文化通过环境的创设和各种有意义教育活动的开展，使受教育者受到陶冶和感染，同时，校园文化也像粘合剂，使学校师生员工由于共同的价值取向和群体意识而凝聚在一起。凝聚在这个群体中，他们学会关心他人，关心集体；提高辨别美丑、善恶、真假的能力；形成科学的人生观、世界观、价值观。

通过集体的影响和自身的努力，逐渐会在一定的群体中找到归宿，并按照共同的价值趋向去实现自己的目标，体现出积极的人文精神。因此，校园文化的凝聚功能对学校师生员工的思想、性格和情趣的形成有着重要的作用，它能使全体成员紧密地团结在集体的周围，朝着学校的总目标前进。

（3）约束功能。

校园文化对学生的道德品质，具有教育的内驱力作用。它制约着受教育者的思想和行为；既可以激励先进，也可以约束违纪行为，有力地促进集体和个人思想品德的提高以及良好行为习惯的养成，教会校园成员如何做人。校园文化能够引导人们认识自己对社会、对学校、对他人应负的责任和义务，正确选择自己的行为和生活道路，提高道德生活的自觉性。

校园文化也是矛盾的调节器通过舆论、习俗、信念等特有形式，缓和人与人之间的矛盾，调节人们的行为。校园文化还具有一种巨大的内在意志力量和评价力量，弃恶扬善，把周围的现象判断为"善"与"恶"，从而实现其教育作用和约束作用。校园文化通过其约束功能，实施人文教育，有利于校园人文精神的养育。

人文精神在文化建设中的实现途径

（1）营造以人为本的和谐物质文化环境。

古代诗人谢灵运写道，"昏旦变气候，山水含清晖。清晖能娱人，游于憺忘归"。环境以其潜移默化的方式感染人，影响人；人的精神在耳濡目染中受到陶冶。所以要营造和谐的物质文化环境，使全校师生员工生活在和谐物质文化氛围之中。这是构建和谐校园的基础。

校园的物质文化是指学校建筑、设备设施、绿化美化等学校硬件以及表现校园精神文化的雕塑、标语、校刊校报、橱窗、板报包括校园的一草一木等。这些物质文化虽然是一种表现形式，但可以通过这种表现形式去促进师生的工作和学习热情，激发创造精神，同时也能使他们在这种物质文化氛围中形成一定的工作方式和生活价值观，让每一个人都以在学校工作为骄傲。

所以，从这个角度讲，学校的教学大楼及各种设施、设备不在于精美和华丽，而在于以师生为中心，在于人性化，要体现适用、实用和较高的利用率。在教育事业发展的今天，校园的物质文化也常常作

为潜在课堂，对师生起到潜移默化的熏陶和感染。譬如说：一所校园如果光看到一排排房屋建筑，而看不到树木、草地，虽然很有气势，但作为校园就会使你感到不和谐。可以想象学生在绿树成荫、鸟语花香的校园环境中读书、学习，往往油然而生的感觉是温馨、舒适、心情舒畅。校园里的一座雕塑，虽然不很起眼，但师生们课余时间看到它，常常就会得到激励，受到启迪，催人奋发。因此作为校园的管理者，应该千方百计营造、构建人性化的校园物质文化环境。

（2）利用精神文化建设培养学生的人文精神。

校园精神文化建设是校园文化的核心内容，是人文素质教育的主要环节，对学生的精神世界产生深刻的影响。人文素质教育是以弘扬人和社会发展的人文精神为主旋律的，校园人文精神的培养和教育是由人类优秀文化凝聚而成，并在现实环境中与文化创造活动相结合，其人文精神的内在主体精神品格主要就在于培养个人的人格道德品质。培养个人的人格道德品质是一种较复杂的文化创造活动。

校园文化虽然是社会文化的一部分，但这种具有引导启迪价值的文化活动，其最终目的就在于觉醒个人，使其追求崇高的价值理想、崇尚文明、塑造健全的人格，热爱和追求真理，形成良好的思维品质。以人文知识的学习和艺术熏陶为基础，以道德信念为核心的人文素质教育必定会弘扬民族精神、创新文化。英国皇家督学阿纳尔德曾说："文化就是通过学习人们迄今所想出的和所说出的最好的东西而达到人类自身之完美的活动。

通过这种学习，人们就可以用新鲜的和自由的思想之泉水去冲洗掉自己陈旧的观念和习惯。"任何国家的经济振兴和文化发展，无不依赖于学校教育的全面发展。社会进步和民族的强盛，必然要以人为本，造就出富有一定的创造精神和多种能力的复合型人才。这就必须从校园文化开始，建立健全科学的人生价值观和符合规范的道德理论体系，注重思维品质和能力的双向发展，推进人和社会精神的进步与发展。校园文化在人文素质教育中的作用和功能就能得到有效发挥，最终也必将促进个人进步和社会的全面发展。

（3）教师要以人格魅力塑造学生的人文精神。

教师的人格形象对学生是无形却又是最有力的教育，是一种"不求而至，不为而成"的润物无声的最有效的教育。教师良好的行为往往会起到潜移默化的作用，对学生产生有意识无意识的熏染，常比正面的说服教育更容易使人接受，甚至产生意想不到的效果。

"身教重于言教"，教师在给学生传播科学文化知识的同时，自身所具有的理想信念、人生态度、价值取向、道德品质、治学方法乃至为人处事等方面，都会对学生产生重要的影响。教师用人格力量教育学生，也就是教师的敬业精神和科学精神，这二者构成了整个教育中的人文精神。

教学中，教师对待科学的态度会直接影响到学生。教师要以实事求是的态度，以认真、耐心和踏实的作风教学，鼓励学生提出问题、反复思考，在思考中感悟科学的真正含义。无论是哪一学科的教师都必须懂得自己学科的思维形式和思维方法，在教学过程中渗透辩证唯物主义和辩证法思想，在潜移默化中进行真正的人文精神教育。

（4）教师要联系实际升华学生的人文精神。

进行人文精神教育，也要理论联系实际，结合社会热点、现实生活、学生的实际问题进行教育，一方面可以拓宽学生的知识面，另一方面，可以使知识化为精神，达到政治人文知识的内化，内化为人文精神。

①社会热点，国际、国内每天都在发生很多学生感兴趣的事情，如何通过政治课教学把它转化为学生的人文精神，这是政治课教学的任务。

②社会生活，人人都在生活，我们的学生也不例外，因此，如何利用生活现象结合政治观点对学生进行人文精神教育，就显得非常重要和必要。

③学生的实际，学生作为一个特殊的群体，有着特殊性，针对这个现象，教师要在教学的过程中，充分利用学生的特点，对学生进行人文化精神教育。

3. 重视校园精神文化建设

近年来，高等教育迅速发展，高等教育的功能急剧扩展，但工具性、技术性的价值取向越来越明显，学生们不再追求终极价值，转而变得功利和务实。于是，一些热门学科专业"你方唱罢我登场"，而一些基础学科专业则"门庭冷落车马稀"；实用性较强的课程人满为患，人文性突出的课程则冷冷清清。这些在一定程度上都是高校育人功能弱化的表现。一些有识之士提出，人文教育的弱化与精神文化的缺失会造成人才培养上的缺陷，并将直接影响社会的良性发展。因此，高校重视校园精神文化建设，注重培养学生的自主能力、审美情趣、崇尚信仰等精神品质，不仅是人的发展规律所决定的，也是日益发达的现代社会对高等教育提出的根本要求。

经过规模扩张和稳步提高的大发展之后，我国高等教育正进入一个以内涵建设为主的时期。在充分肯定新校区建设、硬件的投入、教学条件的改善、招生规模的扩大等方面所取得的成绩的同时，我们应清醒认识到，高等教育仅有这些"物"的层面的东西是远远不够的。

校园的物质文化是一所高校综合实力的标志之一，但它是浅层次的校园文化。如果我们在加强校园物质文化建设的同时，忽视了中层次的制度文化和深层次的精神文化建设，其导向作用就会出现偏差。评价一所高校，如果只看它拿了多少科研经费、实验室面积多大、图书馆藏书多少册，必然导致科学研究功利化、学术行为商业化、学术期刊商品化、学校机关官场化，导致高校育人功能的缺陷。

因此，一所高校在推进自身快速发展的过程中，要把精神文化建设放在重要的战略地位来抓，实现高等教育的理性发展。比如评判人才培养质量时，不能仅仅看学生的考试成绩，还要看学生走上社会后能否可持续发展，是否确立了良好的职业道德等，这些都是反映人才培养质量不可或缺的重要指标。

著名教育家匡亚明先生讲过，高等学校必须形成四大空气：高度的政治空气、高度的学术空气、高度的文明空气和高度的文娱体育空气。这四大空气在校园里流动，空气的流动就形成了风，这就是校风！

校风的核心应当体现一所高校的校园精神，它虽然是无形的，但却是可以感受到的一种氛围，一种风气。工作、生活在其中的师生员工潜移默化、接受熏染，只有这样，学校的校园精神才算基本形成或者说能够发挥应有的作用。

培育和弘扬良好的校园精神，最根本的是要解决好"教师为什么教，学生为什么学"的问题。如果教师只是为了利益而不是育人而教，学生只是为了职业而不是事业而学，这种势利的意识逐渐在师生中生根发芽。那么，教师可能就不关心学校的事情，不关心学校的顶层设计、发展规划，而只关心自己的"课时费"；学生就不关心国家政治，关心的是如何在大学的时候建立社会关系网络，毕业时怎样才能找到好工作。

培育和弘扬良好的校园精神，还要营造良好的机关作风。如果高校的广大领导干部能够确立为基层服务的意识、为教学服务的意识、为师生服务的意识，这样就营造了一种良好的领导干部的作风。只有领导干部具有了良好的作风，才能带动学校良好的机关作风的形成。机关作风最重要的就是能够立足于基层，为师生服务，为教学服务。

培育和弘扬良好的校园精神，广大教职工应当具有良好的道德风尚。教师的主要职责，概括起来不外乎两个：一是教书，二是育人。如果重教书而轻育人，只能不断强化"工具性"在高等教育的主宰地位。

培育和弘扬良好的校园精神，广大学生应当形成良好的思想品德。高校培养的人才发挥着全社会精神文化风貌的引导、主导作用。社会精神文化的主体，应当是知识阶层。高校应当牢牢巩固马克思主义意识形态的主阵地，加强思想政治和道德教育，发挥高校在全社会精神文化建设中的先导性作用。

重视校园精神文化建设，强调"解放思想，更新观念"，强化学生可持续发展能力的培养，把不断更新观念作为学生今后不断发展的内在驱动力。

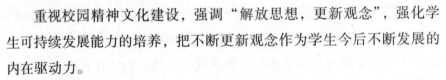

4. 以主旋律引领校园文化

大学校园文化建设是一项系统工程。形成什么样的大学校园文化氛围，不仅取决于社会大环境，而且取决于大学校园内部主导价值观的引导。因此，在大学校园文化建设中既要体现文化的包容性与丰富性，更要突出主旋律和思想性。近年来，燕山大学大力推进"红色旋律"校园文化建设活动，突出主旋律的引领作用，使学生在活动中升华思想、坚定理想。这一实践使我们得到以下一些启示：

体现导向意识、精品意识和卓越意识。当前，社会思想观念深刻变化，社会思潮多样多变的特征日益明显，迫切需要我们不断加强主流思想文化的引导能力，用社会主义核心价值体系引领大学校园文化建设。具体来说，就是要将导向意识、精品意识和卓越意识作为大学校园文化建设的"方向标"，坚持以科学的理论武装人，以正确的舆论引导人，以高尚的精神塑造人，以优秀的作品鼓舞人，切实保障校园文化建设的先进性。一是体现导向意识。面对社会思潮的多样多变，大学校园文化建设必须坚持和扩大社会主义核心价值体系的影响，突出主旋律教育。二是体现精品意识。以优秀的作品吸引学生，同时展现优秀主题文化活动的风采，增强主题活动的感染力和影响力。三是体现卓越意识。支持健康有益文化，努力改造落后文化，坚决抵制腐朽文化；注重优秀文化理念、高尚人文精神、正确人生观与价值观的培养，充分发挥社会主义先进文化的吸引力和感召力。

突出形式和手段的创新。开展大学校园文化建设，应自觉地把学生作为文化建设的主体和服务的对象，坚持贴近实际、贴近生活、贴近学生，从火热的校园生活中挖掘素材、汲取灵感，讲学生能懂的话，把话说进学生心里、装进学生脑里。面对热衷多样、崇尚潮流的青年学生，大学校园文化建设要通过丰富多彩的表现形式、新颖时尚的表现手法增加吸引力，让更多的学生关注并参与其中。网络论坛、博客等新媒体互动手段，使不同思想观念的交流与碰撞变得更加直接和便捷，已成为大学文化传播的重要路径。在大学校园文化建设中，应充分利用这些手段，调动学生参与的兴趣和热情。同时，大学校园文化既包含抽象的文化理念，也蕴含具体现实的目标追求，二者的有机统一才能使大学校园文化贴近学生的思想实际，起到引领的作用。因此，大学校园文化建设还应瞄准学生的现实目标追求，以先烈和英模们的精神和事迹振奋精神、鼓舞信心，使学生更加珍惜今天的幸福生活、珍爱自身的生命价值，真正体现大学校园文化建设的实效性。

实现内容的生动性、学生的主动性和师生的互动性。引导社会、教育人民、推动发展，是社会主义文化的重要功能。大学校园文化要实现引导、教育、推动功能，就必须在内容的生动性、学生的主动性、师生的互动性上下功夫。一是实现内容生动性。大学校园文化建设涉及的领域和话题，不仅要考虑教育者自身"想干什么"、"能干什么"，更要关注学生"在想什么"、"需要什么"。只有抓住学生最关心的问题，大学校园文化活动才能成为学生喜爱的文化载体。二是增强学生主动性。在大学校园文化建设中，应进一步突出学生主体地位，激发学生参与热情。近年来，燕山大学学生宣讲团深入部队、社区、企业，宣传党的十七大精神和科学发展观，宣传创先争优活动中的英模人物和事迹，取得良好社会反响。三是推进师生互动性。加强教师与学生之间心贴心、面对面甚至"硬碰硬"的无障碍沟通，将教师的个人情感、学识积累、思想感召凝聚在一起，在师生互动中引导思想、传播知识、陶冶情操。

5. 校园文化管理的实践

校园文化的建设

在校园文化的管理中，首先是校园文化的建设，然后才是校园文化的管理。它是建设——管理——再建设——再管理，循环往复，逐步提高的过程。校园文化的建设与管理有三个层面：物质层面，制度层面，精神层面。要提高校园文化的品位，这三个层面的建设是同步进行的。校园文化的核心就是学校的一种追求卓越、拒绝平庸的拼搏精神；实事求是、与时俱进的科学精神；讲求实际、讲求实效的务实精神；团结协作、共存共荣的团队精神。

作为校长要深思熟虑地培养和发展最适合本校、本社区、具有继承性和先进性的独特的校园文化。并把这种校园文化体现在学校的办学理念、办学思路、办学目标、管理行为中去。而我校要建立的校园文化就是培育全校师生的科学精神与人文精神的融合。

校园文化的传递

（1）校长传递。由于校长在学校中的特殊地位，他对学校发展的影响是巨大的，每一所学校无不打上校长对学校影响的烙印。在很多情况下，教师甚至学生很快就从校长那里了解到，怎样的价值观和行为规范在学校是合适的，以及校长对他们的期望是什么。随着时间的推移，校长的价值观和行为规范逐渐渗透到整个学校。所以说："一个好校长就是一所好学校"。

（2）师生之间的相互传递。随着时间的推移，学校教师与教师之间、教师与学生之间、学生与学生之间相互学习，了解哪些价值观在学校内是重要的，哪些行为是适当的，逐渐形成良好的校园文化。同时，原来的教师和学生又把已经形成的良好价值观和规范传递给新来的教师和学生。这个过程是一个社会化的过程，师生内化学校价值观和行为规范之后，依据它们行事，成为校园文化社会化的结果。

（3）通过仪式和典礼来传递。学校通过制定的仪式和典礼之类的正式活动，使师生认识到哪些价值观和行为规范对国家、社会、学校和个人来说是重要的。

对于教师来讲，有两个重要的仪式和典礼：一个是庆祝教师节。每年都应举行隆重的庆祝教师节大会。在大会上，可对过去一学年来在教育教学、教研教改、管理服务等方面取得突出成绩的教职员工进行表彰，以满足教师"成长的需要"，即满足教师对自我发展、创造性和有成果的工作的需要。另一个是庆祝元旦节。学校组织庆祝元旦联欢文娱活动，以满足教师"关系的需要"，即满足教师对好的人际关系想法和感情的共享以及双向交流的需要。

对于学生来讲，学校应该设置几个传统文化节日：如文学艺术节，旨在培养学生的人文精神，促进学生的语言智能、音乐智能、视觉空间智能、人际交往智能的发展。活动的内容有诗朗诵、讲故事、写作文、书法、辩论赛、课本剧、相声、小品、舞蹈、快板、音乐欣赏、美术欣赏等等。还有就是健康体育节，目的是为了促进学生的身心健康、促进学生的身体运动智能、人际交往智能、自我认识智能、自然智能的发展。活动的内容有田径运动会、球类比赛、棋类比赛、体育摄影欣赏、心理健康讲座、同学之间应如何交往的讨论等等。还应设置科技节，目的是培养学生的创新精神和实践能力，培养学生的动手能力，培养学生的科学精神，促进学生的数理逻辑智能、人际交往智能、自然智能的发展。活动的内容是机器人、小论文、小制作等等。

（4）通过故事和语言来传递。故事和语言也可以用来交流学校的文化。师生所作所为的故事，提供了学校价值和规范的重要线索。这些故事揭示哪些是学校认为有价值的行为类型和反对的行为类型。

校园文化的管理

文化的管理，就是对文化资源进行计划、组织、领导和控制以快速有效地实现优良校园文化的过程。

（1）计划。是校长用以识别和选择适当目标与行动方案的过程。经过识别和选择，我校制定了校园文化建设整体规划。

（2）组织。是校长建立一个工作关系架构从而使教师得以共同工作来实现校园文化建设目标的过程。经过组织实施，在物质层面上，以育人为中心，以科学和人文为两条主线，营造浓厚优良的育人环境和氛围。

如橱窗建立《科学园地》，介绍诺贝尔奖，诺贝尔奖的设立情况，华裔诺贝尔奖得主如杨振宁、李政道、朱棣华等和诺贝尔奖中对世界影响巨大的发明等。

还可以建立人文长廊，突出培育和弘扬民族精神的教育：如建一条《校园风采》长廊，介绍师生书画作品、学生中的"文明礼貌之星"、"十佳教师"等。通过展示师生的书画作品，使师生有成功感；通过宣传身边的人和事，树立身边的典型，增强榜样的亲切感。还可以建一条《世界文化遗产在中国》长廊，介绍我国故宫、长城等29处被世界教科文组织列入世界文化遗产，对师生渗透爱国主义教育、历史教育和人文教育。再建《美术长廊》，介绍国画、书法，介绍徐悲鸿、齐白石等中国的画家。还有《革命英雄》长廊，介绍为建立新中国做出卓越贡献的革命领袖、元帅、战斗英雄，为建设国家做出卓越贡献的劳动模范等。或《音乐长廊》，介绍聂耳、田汉、冼星海等民族音乐家，介绍黄河大合唱、梁山伯与祝英台等民族音乐，介绍二胡、古筝等民族乐器，介绍京剧、脸谱等民族戏剧等。

此外，在走廊和过道，悬挂激励性的名人名言，形成走廊文化。在教室，悬挂国旗，张贴体现班级特色的格言、两条激励性的语言条幅，布置学习园地和公布栏，形成教室文化。在实验室与图书室等功能室，布置与功能室有关的格言警句，形成功能室文化。在体育场，制作平面体育雕塑，宣传奥林匹克精神，形成体育文化。在饭堂，制作大型喷画珍惜粮食、保护环境、注意卫生、饮食健康等，形成饭堂饮食文化。在办公室、会议室，布置教师师德公约，张贴管理队伍、教师队伍、服务队伍建设的目标和要求，形成办公室文化。

（3）领导。校长向教师们描述一个清晰的情景，以调动教师的能动性，使教师理解他们在实现校园文化建设目标过程中所起的作用。学校不仅是我们教师工作学习的场所，更是我们教师生命的载体，精神的家园。在一个优秀的校园文化氛围中，教师们才能更好地工作着、辛苦着、快乐着。

（4）控制。我校控制校园文化建设的重点，目前放在制度层面上。通过建立激励与约束机制，使我们的教师增强振兴国家与民族的责任感、提高教育教学能力的紧迫感、把学校办成中山市一流名校的使命感，加强岗位意识、合作意识、竞争意识及团队意识，树立公道、正派、诚信、友善的良好品质。

校园文化是一种持续的教育力量

校园文化本身是由全体师生所创造，反过来校园文化又影响着全体师生的思想和行为。学校要在物质层、制度层、精神层建设优良的校园文化，并产生一种文化力，从而达到管理好学校的目的。

6. 校园文化的建设

邓小平同志曾一再告诫我们，要两个文明一起抓，两手都要硬。"三个代表"重要思想的提出，《公民道德建设实施纲要》的颁布，宣传工作"三贴近"的渐见成效，青少年思想道德建设的加强……党中央一系列重要决策正在逐步改变在一段时间里曾经出现的精神文明建设"一手软"的状况。党中央、邓小平同志的英明就在于预见到，改革开放后，在地球变小、中国人民要走出去、客人要请进来的时刻，中华文化和异质文化必然发生接触、冲撞，这是发展中华文化的大好机遇，也是严峻的挑战。"代表中国先进文化的前进方向"这一命题的形成与提出，有着划时代意义——它标志着中国共产党和中国人民对文化问题更加自觉，预示着中华文化发展的方向更为明确，中华文化将在已经出现的文化建设高潮中获得新的活力，与整个民族同步崛起。

校园文化建设的重要性

在中华民族建设先进文化的伟大工程中，在社会主义精神文明建设的伟大实践中，大学校园文化占有极其重要的位置。现在认识到这一点的人越来越多了，这方面的议论逐渐多了起来，实实在在地建设校园文化的大学也一个又一个出现，这的确是令人高兴的事。

大学校园文化建设之所以重要，是因为这关系到一代又一代年轻人的成长，关系到我国能不能培养出千百万合格的社会主义现代化事业的建设者和接班人，关系到民族文化的现在和未来能不能始终朝着中国先进文化前进的方向发展。

大学校园文化的建设又十分急迫，因为随着经济全球化浪潮而来的拜金主义、享乐主义、极端个人主义等腐朽思想，乃至抹杀了人与兽之别的种种违背人类生存发展规律的意识也汹涌而至，干扰着使人与人之间和谐共济、追求崇高精神的先进民族文化建设，而首先受到影响和伤害的则是作为社会未来的栋梁、中华新文化创造与普及中介的大学莘莘学子。言其急迫，还因为这个问题至今尚未引起所有人的惊醒、警觉。

要更深刻地认识高校校园文化建设的重要而急迫，就要从两个方面思考：什么是文化，文化的作用是什么；高校校园文化有什么特点，它的任务和功能是什么。

文化的含义和作用

文化是什么？在一般人看来似乎无须深究，而在学者们笔下，给出的定义却五花八门，据说世界上著名学者所下的定义已经有几百种。在这里，我们撇开学术的精细界定，只就人们普遍公认的文化内涵和外延进行讨论：文化是人类所创造的物质和精神的总和；如果就窄一点的范围说，文化则可以专指精神方面的内容。我们姑且就后一种含义进行讨论。

文化是有层次的。其表层，是人的衣食住行，也就是蕴涵了一定精神的、人的生活所需要的物质形式；中层，是借助物质以体现精神的风俗、礼仪、艺术、宗教、政治、法律、制度等；其底层，或曰核心，是世界观、人生观、价值观、审美观。这三个层次是相对的，并非泾渭分明；它们之间更不是绝缘的，而是相互渗透、彼此混杂。大体说来，底层映射中层、表层，中层、表层蕴涵着底层。

文化的内部是可以分类的。就说中华文化吧，按地域分，有不同地区的文化（如古代的齐鲁文化、吴楚文化、岭南文化等，今天的西南、西北、华北、江浙文化等）；按民族分，有汉、满、蒙、回、藏、维等56个民族的文化；按行业分，有学校文化、军事文化、旅游文化、企业文化等；如果着眼于加工的粗细和享用者的多寡，还可以分为雅文化和俗文化。

文化的作用是什么？从其发源说，从人脱离了动物界，成为"万物之灵"的那一刻起，文化就产生了，因而它是人之所以为人的重要标志。人是社会性动物，社会中人和人的关系、个体和群体的关系需要协调；人所依赖的生存条件是大自然，人与自然的关系也需要协调；人生短促，身后以及自己依存的社会未来应该如何，将要如何？自己在有生之年追求的最高目标是什么？这些必然成为人有了自我意识之后要思索的问题。经过一代代人的思考、实践，就形成了一个民族对人与人、人与自然、现实与未来的理解和共识，这就是文化传统，是文化的底蕴。文化的作用也就由此而生。既然文化是社会的产物，是一个社会的共识，因而就成了民族认同的标记，成为民族得以凝聚的最大而无形的力量。例如中华民族讲究和合、宽容、克己、自省、诚信、坚韧等等，就是在长期的生产生活中体验总结而形成的，符合人类生存发展的规律，因而能够使中华民族始终凝为一体。

文化与人类共生同在。凡有人群之处就有文化。民族文化的形成经过了漫长的积累，同时也经历了大自然的磨难和不同人群间的竞争，"优胜劣汰"的规则在一定意义上也适用于文化。根据19世纪以来考古学、人类学研究的成果我们知道，文化在其成长发展过程中有着这样一个普遍性规律：单靠其自身的内动力，发展演变缓慢，久而久之甚至要萎缩、停滞乃至消亡；如果在与异质文化接触过程中能够吸收自己没有而又适宜于民族发展的成分，则其生命力将更为旺盛，最终将走向辉煌。在这一运动过程中，随着时代的变迁，适宜前一时代而不适宜当今的一些文化内容和形式将逐步退出社会生活，成为文化历史遗迹。例如，中华文化中因农耕生活的局限，有重经验轻理论、重义务轻权利，难于舍旧图新、等级观念胜过平等观念等不适应工业社会的内容，需要在社会进步中逐步舍弃，而代之以新的习惯和观念。"吐故纳新"是文化的永恒趋势。这就是邓小平同志再三强调精神文明建设，江泽民同志提出"中国先进文化的前进方向"的历史依据。全人类的文化、各民族的文化都是多元的，但是"文化多元论"宣称的"各种文化没有高低和落后先进之分"的说法并不可取，因为它不符合文化的历史和现实的情况。

大学校园文化

大学校园文化的特点同大学在文化中的地位紧密相连。大学，是传承文化的主渠道之一，是创造新文化的基地，是接触异质文化的触角和通道。大学的产品主要是两类：学术成果和人才。学术成果应该包括学术方法的演进和自由探索的气氛，这将由大学扩散至全社会，推动社会的进步；大学所培养的人，一批批地走到社会的各个角落，他们所带去的除了所学得的科学技术，还有所受到的文化熏陶。因此，大学对社会文化的影响既是垂直型的（对教育系统），又是放射型的

（对全社会）。在科技发展空前迅速、社会生活变化急剧的现在，大学的这项任务比过去更为突出、更为沉重了。

为什么说大学是"接触异质文化的触角和通道"？在人类历史上，不同文化的接触，除了短暂的战争和军事占领外，在人类历史中占最长时间的和平时期里，总是以有限的点和线的形式进行。例如古代两河流域的文化传到埃及，主要是通过商业往来；佛教传入中国，主要是经过中印僧人的互动；中国陆路和海上丝绸之路更是著名的文化接触之路，同样是线型的。无论是点的接触还是线性输出输入，都主要靠"旅行者"完成。在农耕时代，能够到处活动的主要是商旅和一部分文人，即使在工业化初期也是如此。到了工业化后期，由于交通和通讯的发达，文化的传播和接触的途径已经不限于人和人面对面，也不限于书刊和通信，于是不同文化的接触开始带有全方位的趋势。即使如此，商旅和"文旅"的"文化使者"的角色仍然没有改变。而商与文又不同，文人不仅在异质文化间传递信息，而且研究文化接触的规律，提出新的见解，也就是为文化接触提出指导性的见解。在现代，大学是文人群体所在，自然承担着文化传播的重要任务。中国从 19 世纪末以来的实践正是这个规律的生动说明。

大学应承担的责任

以中外历史的经验来衡量，我们的大学是不是已经承担起了它应有的重任？

要说明这个问题，需要把话说得稍远一点。西方国家自文艺复兴到工业革命这段时间里，教育逐渐摆脱了教会的独霸，出现了现代意义上的学校。这种学校教育的主要目的，是为工业化生产培养懂得技术的劳动者。现代学校一方面促进了科学技术的发展，另一方面也丢掉了教育的传统——既授人以知识（教会则主要是传授宗教知识），也教人以文化传统，特别是应有的道德规范。这一缺失在宗教国家后来往往由教会组织继续承担，农村社区被工业化冲垮后，城市社区取而代之，二者补充了学校教育的不足。

我国自19世纪末兴办"洋学堂"直到现在，学校一直以传播知识和民族文化为己任。这期间，我们曾经经历过"文革"只抓精神灌输而抛弃知识和技能传授的曲折，结果是人民受损，事业受损，国家受损。现在我们的社会正在发生着深刻变革，从一个农业国转变为工业国，从计划经济体制转为社会主义市场经济体制，同时迎来了经济全球化和社会信息化。作为上层建筑的高校校园文化，当然应该与之相应。但是，当人们把注意力集中在发展经济、获取急需的知识和技能时，往往容易忽略校园文化，即使意识到了，其建设速度也要比盖教学楼、修体育馆、铺光缆慢得多。在这一时期，外来的文化具有出奇的吸引力，特别是商业化了的快餐文化（里面不乏垃圾文化）、粗俗文化、兽性文化，因其适应快节奏的生活，借助于现代技术手段，很容易迎合"文化饥渴"的人群——主要是年轻人；包裹在这些文化产品中的文化底层物——如前所述，没有哪个文化不是这样的——也就无声而汹涌地涌入。在这样的浪潮里，高等学府也难以幸免，特别是当我们的大学没有达到文化自觉的时候，有可能还要为之推波助澜。近来渐渐浮出水面的种种令人痛心的现象，就是活生生的证明。总之，同时代变化的速度和程度相比，现在我们的大学校园文化无论是内容还是形式都显然跟不上社会的需要和期望。要使大学能够真正承担起创造新文化的重任，从现在起就要有意地在高校校园建设适宜人才成长、民族发展，有利于探索人类未知领域的文化环境。

怎样建设校园文化

现在可以说到高校校园文化应该怎样建设的问题了。

文化建设，无论是国家的、民族的，还是学校的，都是一个复杂的过程。面对这样一个"系统工程"，首先需要大学的领导者具有文化的自觉。何谓文化自觉？说简单了，就是对文化的本质、规律和大学的文化职责有感性和理性相结合的认识，对本校校园文化建设有全面、系统、长远的考虑。现在不少学校在朝着"研究型、综合型、国际性"的国内或国际一流大学努力，其他学校的提法虽然有所不同，但也都是着眼于学校学科类别、学术或教学地位，难免给人以雷同之感。什么型、什么性，都是必要的，是对过去重教轻研、专业过狭、相对封闭的否定。大学需要个性。学校的个性既体现为学科设置，更体现于校园文化。虽然，校园文化的底层是相同的，但是如何实现民族的和本校的文化核心，其途径、形式和侧重点却可以并且应该结合自己的和周边的条件而各显其能，各展其"特"。大学缺乏个性，正是领导者还不够自觉的表现。

大学校园文化应该是开放的。不但内容和形式是开放的——民族文化与异质文化兼收，校内资源与校外资源并蓄，而且校园文化的传播也应该是开放的，要让周边的人们也参加进来。从这个意义上说，目前学校图书馆限于本校师生使用、各种讲座报告外人谢绝入内的状况对建设新时代的校园文化是不利的，其弊病不仅仅是学校资源不能被充分利用这一点。

大学校园文化，除了能够提高学生和教师的民族文化修养，还是学术、思想创新的根本动力。业务课程所给予学生的仅仅是将来为社会服务的知识和技能；而一个人，只有当先进文化的底蕴深厚，同时又掌握了先进的科学知识和学术方法，才算较全面地具备了创新的条件。

文化是无所不在的，校园文化也是如此，它浸透在全校师生员工的全部行为和人与人的关系当中。因此校园文化的建设也必须着眼于校内全体人员，要形成人人议论、人人参与、人人引为自豪的气氛，而不能只是少数人关注、部分人满意，更不能只是领导集体取得共识。

校园文化也可以分为物质文化、行为文化、观念文化、制度文化等等。优美而具有品位的校园环境设施，属于物质文化；处理人际关系，人、事关系，学术流派关系，校内外关系，传统与创新关系的习惯与风气，属于行为文化；对于历史与现实的不断思索、观念的与时俱进，是大学观念文化的重要内容；校规校纪既是学校各种活动能够正常运行的保障，又是约束师生员工行为的契约，因而也是校园文化的体现。这种种形态的文化构成一个完美的整体，处处体现着民族的正气、时代的特征，所形成的是各个方面的和谐共进，因而也会为全校所珍惜。

最近，中共中央提出要加强和改进大学生思想政治教育。这一精神为校园文化建设进一步指明了方向，而校园文化建设又为贯彻这一精神提供了载体。以加强大学生思想政治教育为中心，不断推动校园文化的繁荣与发展，我们的大学将越建越好，中华文化朝着先进方向前进的步伐，也将越来越稳健，越来越快。

7. 校园精神文化建设

校园精神文化建设是校园文化建设的核心内容，也是校园文化的最高层次。它主要包括校园历史传统和被全体师生员工认同的共同文化观念、价值观念、生活观念等意识形态，是一个学校本质、个性、精神面貌的集中反映。校园精神文化又被称为"学校精神"，并具体体现在校风、教风、学风、班风和学校人际关系上。

校风建设

校风建设实际上就是校园精神的塑造，校风作为构成教育环境的独特的因素，体现着一个学校的精神风貌。在校风体现形式上，校风主要表现在校训、校歌、校徽和校旗上。好的校风具有深刻"强制性"的感染力，使不符合环境气氛要求的心理和行为时刻感受到一种无形的压力，使每一位校园人的集体感受日趋巩固和扩展，形成集体成员心理特性最协调的心理相容状态；好的校风具有对学校成员内在动力的激发作用，催人奋进；好的校风对学校成员的心理发展具有保护作用，对不良的心理倾向和行为具有强大的抵御力量，有效地排除各种不良心理和行为的侵蚀和干扰。

教风建设

教风是教师在长期教育实践活动中形成的教育教学的特点、作风和风格，是教师道德品质、文化知识水平、教育理论、技能等素质的综合表现。要抓好校风建设首先必须抓好教风建设（包括工作作风建设），因为学校是育人的场所，是人才的摇篮，而教师是人才的培养者，理应在"三育人"（即管理育人、教书育人、服务育人）的过程中发挥主力军的作用，只有在干部职工中树立起实事求是、艰苦奋斗、勤政廉政、团结协作、高效严谨、服务周到、细心耐心的工作作风和在教师中树立起为人师表、教书育人、治学严谨、认真负责、耐心细致、开拓进取的教风，才能引导和促进勤奋学习、积极向上、严谨求实、尊师重教、遵纪守法、举止文明的优良学风的形成。总之，没有良好的工作作风和教风就难以形成良好的学风。

学风建设

学风是指学生集体在学习过程中表现出来的治学态度和方法，是学生在长期学习过程中形成的学习习惯、生活习惯、卫生习惯、行为习惯等方面的表现。优良学风像校风、教风一样，对学校教育教学质量的提高，对学生人格品质的发展和完善，对培养学生成为德、智、体、美、劳全面发展的接班人，都有重要意义。

学校人际关系建设

学校人际关系包括学校领导之间的关系、学校领导与教职工之间的关系、教师之间的关系、教师与学生之间的关系、学生与学生之间的关系。良好的学校人际关系有助于广大师生员工密切合作，形成一个团结统一的集体，更好的发挥整体效应。

8. 校园物质文化建设

学校组织文化建设是学校管理过程中的重要任务之一，但不同类型的学校面临的任务有所不同：对于新建学校来说，需要建立一种可以凝聚全校师生员工的新文化；对于老学校来说，则既面临着保护、继承、改造学校传统文化的任务，又需要根据社会与时代发展的要求进行文化创新。在学校组织文化建设过程中，各个学校可以根据自身实际，采用不同的文化建设策略。

理念统整策略

学校文化是一种洋溢在学校校园之中的组织气氛，但学校组织文化不是自发形成的，而是学校领导和广大师生员工共同努力的结果。由于学校组织文化涉及很多层面，每一个层面又包含诸多要素，因此，学校组织文化需要有一个文化核心加以统领，这个文化核心就是学校的办学理念。在学校文化建设过程中，需要有意识、有目的、有计划地用已为广大师生员工认同的教育理念整合各种学校文化要素，使之形成合力。

传统创新策略

学校组织文化是学校组织成员在长期的教育管理和教育教学实践

活动中共同创造、发展，通过不断累积而建立起来的。学校组织文化一旦形成，就会成为一种巨大的精神力量，以"传统"或"习惯"的形式影响人们的行为取向。崭新的富有活力的学校文化总是根植于已有的文化土壤之中，是原有文化的新生和发展。所以，创建学校文化，必须要检讨学校已有的文化，注意甄别，正确取舍，继承优良传统。与此同时，学校文化的建设又需要随着时代的发展、社会的进步而不断创新，这就需要学校领导人在全面审视学校文化传统的基础上，寻找新的学校文化生长点，使传统学校文化焕发新的生机与活力。

主体参与策略

学校组织文化建设的主体包括学校的领导、教职工和全体学生。学校文化主体在共同的教育教学活动中共同创造着学校组织文化，同时又置身于学校组织文化氛围之中，每时每刻都受到学校组织文化的影响，并因这种文化影响而成为反映学校文化的载体。

校长的文化领导是校长通过发现和发展组织文化来建立行为规范的领导过程。这种领导类型尤其适合学校组织。校长需要通过观察、感受、倾听、解析等多种途径，从文化的角度来理解自己的学校，包括它的历史、形象和目标。在此基础上创造、鼓励和完善有益于学校组织的文化，并通过各种管理活动和教育教学活动，将自身的理想、价值、行为准则等渗透到学校生活的各个方面。

教职工是学校文化建设的核心力量。学校文化的核心体现在广大教职工群体的价值观念、道德准则和行为方式上。只有提高广大教职工的思想觉悟、伦理道德、团队意识、文化素养、专业知识、教育艺术水平等整体素质，促进教师的专业发展，才能创造和传播优秀的学校组织文化。

学生是学校教育与文化影响的对象，学生整体素质的高下直接反映着学校教育教学质量与文化影响。在学校组织文化的构成中，学生文化是一个重要的组成部分，学生文化与社会文化，特别是时尚的社会文化有着紧密联系，对学校组织文化的形成与改造发挥着深刻的影响。在学校教育过程中，学校领导者与广大教师一方面需要尊重学生的文化兴趣，另一方面又需要不断地对学生的文化行为加以引导，使学生文化能够反映社会的主流文化价值。

在校园文化建设中，精神文化是目的，物质文化是实现目的的途径和载体，是推进学校文化建设的必要前提；物质文化建设是校园文化建设的重要组成部分和重要的支撑。校园物质文化，属于校园文化的硬件，是看得见摸的着的东西。校园物质文化的每一个实体，以及各实体之间结构的关系，无不反映了某种教育价值观。

完善的校园设施将为师生员工开展丰富多彩的寓教于文、寓教于乐的教育活动提供重要的阵地，使师生员工教有其所、学有其所、乐有其所，在求知、求美、求乐中受到潜移默化的启迪和教育。完善的设施、合理的布局、各具特色的建筑和场所，将使人心旷神怡、赏心悦目，将有助于陶冶校园人的情操，将塑造校园人的美好心灵，将激发校园人的开拓进取精神，将约束校园人的不良风气和行为，将促进校园人的身心健康发展。

9. 物质文化建设对学生思想的影响

校园文化是学校发展的精髓和灵魂，是指导学校健康发展的方向和指南，是凝聚学校师生的力量源泉。校园文化中的物质文化建设，是校园文化建设的有形载体，是凝聚了人的文化的物质存在形式，是学校在发展过程中积累下来的物化形式存在的总称。在校园文化建设中，物质文化建设既是推进校园文化建设的必要前提和条件，又是校园文化建设和重要途径和载体，其建设状况在一定程度上直接影响着校园文化的质量和整体水平。

校园物质文化建设的重要作用

校园物质文化是学校精神的固化体现，体现了学校成员的集体智慧、力量、整体感，体现了物质文明和精神文明的高度协调发展。整洁、优雅、文明的校园文化环境能够折射出一所学校的精神特征，会大大激发学生的求知欲，促进学生、教师的积极进取。

物质文化的建设既包括校园内可见可触的客观存在物，如各种建筑物、图书资料、教学科研设备、文体活动设施、校园网络等教育教学硬件设施，还包括可观可赏的环境布局，如校园的总体规划设计、楼堂馆所的布局美化、校园道路、花草树木、雕塑牌匾壁挂等。内涵丰富的物质文化，既是学校校园文化的物质基础，也是学校综合办学实力的重要标志，从一个侧面反映了师生员工的素质和创造能力。同时这种物质文化营造出的境界和氛围，对身在其中的学生起到"环境育人"的作用。

建设优秀的校园物质文化，使之有着丰富多彩的内容和表现形式，就是要让学校全体成员长期处在一个积极向上的文化氛围之中，给社会一个良好的学校品牌形象，充分发挥其强大的教育、导向、凝聚、激励、约束、辐射等功能。从某种意义上说，学校品牌是公众对学校的一种印象和评价，其实质是一种"文化认同"。

因为，文化是品牌的灵魂，品牌是文化的载体。文化与品牌是灵与肉的结合。学校文化丰富了学校品牌的内涵，学校品牌展现了学校文化的魅力。实践证明：创建学校特色是薄弱学校走出困境的高效之路。在信息全球化，教育普及化的今天，学校要在市场经济中占得一席之地，一定要有自己的特色与个性，强势品牌的打造，良好的品牌形象，成功的品牌推广，是提升学校核心竞争力的关键。品牌文化的弘扬是校园物质文化传播的一个重要内容。

校园物质文化建设的主要内容

（1）整洁美观的校园建筑和校园景观。

校园建筑和校园景观是校园物质文化的主要组成部分。建筑是一门艺术，建筑艺术的特点是在满足使用要求基础上，通过其巨大的空间形象，表现特定时代和民族精神风貌、思想情感和审美趣味的艺术。它作为景观，影响人们的视觉感受和情绪；作为使用设施，直接影响人们的活动范围和生活。学校建筑既有满足教学、科研、学习、生活需要的功能，同时又有审美方面的要求。

所以，校园建筑既是一种物质生产，又是一种艺术创造，要求实现实用功能和审美功能的统一。一般来说，学生宿舍、食堂等生活设施实用性较强，讲究实用。因而，在设计上要多从实用角度出发，以满足学生生活需要为宗旨。教学楼的设计在实用的基础之上，更加讲究舒适度并体现出一定的艺术特色。教室、实验室、图书馆、阅览室的建筑还要按照卫生角度设计，在朝向、采光、照明等方面按照要求规范设计。从总体上看，现代校园建筑越来越重视审美，越来越强调艺术特色。

在校园的物质环境中，校园景观建设也不容忽视，加强校园景观建设要做好绿化美化工作，使校园的山、水、园、林、路等达到使用功能、审美功能和教育功能的和谐统一，用优美的校园景观激发学生的爱校热情，陶冶学生关爱自然、关爱社会、关爱他人的美好情操。学校要在公共场所布置具有丰富内涵的雕塑、书画等文化作品，营造高尚健康的人文景观氛围。学校要组织学生广泛参与校园楼宇、道路、景点的规划、建设、命名以及管理工作，增强学生对校园文化环境的认同感。

说到校园文化，现在似乎有一种人工化、标签化、符号化的偏向。一提校园文化建设，就是画廊、假山、雕塑等人造景观；一提"要让每一面墙都会说话"，便是标语口号、名人名言。这些固然也需要，布置恰当也无可厚非，问题是要适度精巧，不要一味在形式上做文章，忽视内涵。真正高品位的校园物质文化应当是一种"无言之言"，是无处不在，无时不在的人文气息、精神氛围，是全体师生与众不同的气质、风度、习性、心态等等，这需要积淀，需要孕育涵养。

因此，在学校物质文化设计中，要重视建筑本身的形象语言，要重视景观的心理暗示，要重视制度建设中的人本思想，要重视校风的精神色彩。一句话，要用高雅的校园物质文化将学校形象充盈得鲜活饱满，让每位学生带着景仰走进校园，带着依恋离开校园，用全体师生的人格魅力扩大自己的品牌效应。

（2）充分利用物质资源，营造校园文化氛围。

学校品牌的"文化品位"不仅体现在价值取向，制度规范和行为举止方面，而且还有外表形态，即学校物质文化。学校物质文化是学校精神文化的静态传达，也是学校制度文化的必要补充。校园物质文化是校园文化的重要组成部分。由于校园物质文化所具有的对学生的促进、导向功能，它由浅入深，分为三个方面：认知层次，情感体验层次；行为层次。从传播功能来看，效果层次的有效性并不一定按照上面的认识那样由浅入深的秩序罗列，三者的顺序是可以颠倒的。

在实践的基础之上，学校提出了把学校特色发展成学校品牌文化的设想，引导校园物质文化实现"三个走向"：走向艺术，发挥其美育功能，引导学生去发现美、欣赏美、创造美；走向民族经典文化，帮助学生领略中国传统文化的魅力，丰厚文化底蕴，培养民族意识；走向态度、情感、价值观，培养学生对待学习工作的态度，培养精益求精的价值取向，培养勇于创新的精神。"三个走向"的目标是引领学生感悟人生的真谛，将来做一个能适应社会发展、促进社会进步的人。

①教室文化建设环境可以塑造人，也可以改变人。"孟母三迁"的故事很早就给我们证明了这一点。教育是要讲环境的，好的环境对学生的成长确实有着不可低估的熏陶作用。学生在学校的学习环境包括校园环境和教室环境两大部分。而教室又是学生学习的主要场所。良好的学习环境对优良班风、学风的形成有着重要的促进作用。作为一名人民教师，有义务更有责任去为学生创造一个良好的班级环境，即"美观、整洁、朴实，大方"的学习环境。

把一些历史伟人、民族英雄、革命导师、著名科学家、思想家、文学家等杰出人物的画像，挂在教室的墙壁上。这些人物都是人类的精英，是青少年学生学习的榜样。他们不平凡的一生，伟大的业绩，崇高的人格和光辉的形象，都会对学生产生极大的吸引力，容易激发学生对他们的敬仰之情，并对照典范严格要求自己，推动自己积极上进。

悬挂一些艺术画，既可以潜移默化地对学生进行艺术熏陶，又可以提高教室的品位和格调，使学生生活在一个高雅和不俗的环境中。

教室墙壁上张贴一些名言警语，会使得教室四壁生辉，而且名言警语大都富有哲理，是人类智慧的结晶。如"少壮不努力，老大徒伤悲。""宝剑锋从磨砺出，梅花香自苦寒来。"……这些名言警语，就像一位位良师益友，时刻教育、启发、鼓励着学生在知识的海洋中奋力拼搏。

每一个学校都有自己的校训校规，如学校的"严格、勤奋、踏实"。一个班级也应该有自己的班训班规。开学之初，学校就广泛发动同学征集班训。大家群策群力，为自己的新班级定基调，定目标。如"团结凝聚力量，信心源自实力"、"心中有集体，进步靠自己"、

"持之以恒，永争第一"。把它置于后黑板正上方的位置上，和前黑板正上方的校训相对应，这样能时刻提醒、激励学生，使学生玩有风格，学有目标，干有动力，从而体现出学校的特色。

奖状、流动红旗、文明班级牌是一种荣誉，也代表着这个班的历史，是这个班集体共同奋斗的结晶。要把它们张贴或悬挂在教室的固定位置并保护好。学生看到这些奖状、流动红旗，会产生强烈的班级荣誉感，增强爱护这个班集体的责任心，会自觉摒弃以前的一些不好的行为和习惯，发扬优点，使得这个班的向心力和凝聚力愈来愈强。

黑板报应短小精悍，内容丰富，布置美观，这种形式很受学生欢迎。黑板报由学生自己定期出版，可以充分发挥他们的聪明才智，既锻炼了学生的能力，也提高了学生的素质。一块好的黑板报，会让人赏心悦目，不但使人学到了知识，也美化了学校、教室环境。内容上，要结合学校、班级实际，结合时代，结合地方特色。可以是时事新闻，可以是幽默小品，可以是优秀作文，也可以是各种公式定理的趣味记忆法……总之，它可在平淡无奇的文字中给你知识，在幽默的话语中阐明道理，在美妙的图文中吟诗抒怀，可谓"麻雀虽小，五脏俱全"。

在班级的一块空白墙壁上开设"学习园地"。学校英语学科正在开展"英语环境营造法"的研究与实践，我们在英语老师的配合下，张贴学生自办的英语小报，使之成为"英语角"。许多班采用了全英语的形式。内容有英语小幽默，名人名言，同学自己写学习牛津教材的体会，观看英语原版片的感受等等，深受同学们的喜爱。这样既可以创造出良好的英语学习氛围，也可以发展学生多方面的才能，还可以满足学生的成就感。

充分利用教室的边角，在"卫生角"的对面，设立"阅览角"。放置一些近期的《阅读》、《知心姐姐》、《数学报》和一些文学杂志、书籍等，供同学们在课余时间翻阅。"阅览角"地开设，使各班形成了"人人爱书、人人读书"的良好风气，也使同学们将学习由课内延伸到了课外。每学期评选"书香少年"、"书香家庭"，读书由"要我读"变成了"我要读"。

一般的学校，校园的绿化通常都很到位，但教室绿化基本很少。而教室是学生学习、教师教学的最主要的场所。这里又是人多、空间小、空气质量差，对师生的健康都有不利影响。因此，在教室里适当摆几盆花草，挂几盆吊兰，既净化了空气，又赏心悦目，体现出一种对学生和任课教师的人文关怀。教室绿化对教室文化建设来说，既是画龙点睛，又是锦上添花。

为学生创造一个良好的教室环境，对学生进行文化熏陶，这无论从智育、美育，还是从德育的角度对提高学生素质都是大有裨益的。它们会对学生产生一种心理暗示作用，促使学生更好地学习。由于学校对教室文化、美化建设比较重视，学生的思想认识水平都有了较大地提高。

②宿舍文化宿舍文化是指附于宿舍这个载体来反映和传播的各种文化现象。宿舍是学校的重要组成部分，其现状如何，直接反映出学生的个人修养。因此，宿舍文化是校园文化的重要组成部分，它直接影响着校园文化的建设。

宿舍是我家，清洁靠大家。拥有一个干净舒适的居住环境是每位同学的心愿。卫生标准，始终是衡量舒适文化的第一要素。从目前学校的情况来看，宿舍环境还较差，但最重要的还是个人的卫生习惯和功德意识，不乱扔果皮纸屑、不随地吐痰、宿舍内卫生勤打扫，早晚一次卫生轮值，垃圾篓一满即清除，这些都是举手之劳，有什么理由做不好呢？

金窝也好，银窝也罢，自己的宿舍都要靠自己来装点。宿舍不仅是住的，也是给别人看的，宿舍是一个窗口，透过它，可以折射出学校学生的精神风貌和内在气质，一桌一椅一架一床，都应讲究整体的协调和美观大方，严肃而不失活泼明快而不觉压抑、窗明几净、鲜花数枝或芳草一盆令人赏心悦目，书架之上有美文数卷，胸腹之中自有经论，谈笑有知交，弹奏觅知音，登斯室也，雅舍自有新天地。

良好的宿舍氛围，有赖于各舍员的共同努力。在营造自己的安乐窝时，大家群策群力无疑是一种无声集体主义教育，无疑是向心力凝聚的结晶，无疑有助于舍员之间的交流，这种交流，既可是感情的宣泄，也可是思想的交锋，还可以是学术的讨论，它有利于建立团结、互助、健康向上的宿舍文化。

提倡积极的宿舍文化，必须克服那些消极因素。具体表现在：

宿舍内部成员之间的冷漠症、事不关己、高高挂起、做独行客，为一些鸡毛蒜皮小事斤斤计较，有些则逃避自己的舍员义务，只要享受舍员的权力。

宿舍与宿舍之间老死不相往来。应提倡正常的交流与合作。

噪声污染，尤其是遇上球赛、喊声震天、乱摔乱扔，发泄可以，但要注意限度和方式。

注重宿舍文化的建设，除了自律，还应该有他律，具体而言就是要纳入制度轨道，有章可循，使它成为校园的基础工程之一，促进它的健康发展，走入室内、书、被、桌、椅、一律整齐有致，再加上鲜花、字画乐器，更显得有宾至如归的感觉。像这样的活动很有意义，影响深远。但应强调持久性、防止形式化，风过即止。要根据学校的实际情况，制定出适合学校的校情的规章制度，奖惩分明，使宿舍文化建设更上一层楼。

宿舍文化在教育中起着举足轻重的作用，加强对宿舍文化的引导和控制，既是为学校构造一个健康、活跃的文化氛围，也是为学校的教育自身设计一个当代意义上的隐性课程，对培养高素质人才有高度的意义!

③食堂文化 "排队,是一种文明"、"锄禾日当午"、"民以食为天"……走进学校的食堂,类似这样的警句或名言随处可见,在食堂内的栏柱上、墙壁上,也悬挂着各种蔬菜水果营养价值介绍的镜框,还有各种雅致的装饰画,错落有致,美观得体。

（3）打造校园物质文化航母,优化隐性德育功能。

物质文化的改善对学生具有明确而强烈的影响,这种影响既有传统的,又有现代的;既是物质的,又是精神的。尤其在物欲横流,金钱至上的当今,校园的物质文化领域,对下一代的价值观念产生的影响是巨大而深远的。

所谓价值观念,是指人们头脑中有关价值追求的观念。它是人们以往生活实践经验和知识的凝聚和升华。从内容上看,它是指人们心中一系列特殊的 "观念",包括对各方面的信念、信仰、理想。三者合在一起为广义的信念。从其外部功能看,价值观念是在人们选择取舍过程中,起着内心导向机制、评价标准作用的观念。凡是人们在进行评价、在对事物表达一定的态度时,其内心深处就启动着价值观念的运转和操作。

校园物质文化之所以能够起到育人的作用,除了自身的教育意义外,很大程度上取决于其价值观念教育意义的传播。传播是一种社会行为。学校是当代文化信息的主要交流地,学生们都善于在这里进行交流沟通。在当今社会文化信息的交流具有容量大、渠道多、周期短、频率高的特点,要在文化交流更新过程中始终处于领先地位,除依赖人这一最活跃的文化载体外,还有赖于先进的文化传播工具和设施。

在校园中传播文化的主要工具是广播、电视、网络、报纸、杂志、橱窗、板报等媒介。校园中的传播媒介可以分为以下几类:语言符号媒介、文字符号媒介、实物媒介、音像媒介。

　　语言传播媒介在校园文化传播中大量运用，如学校领导与教职员工的谈心、师生交流、电话、通讯、各类演讲、辩论、文艺晚会、谈判、决议等；文字符号传播包括报纸、杂志、板报以及各类文件、社交书信、电文、简报等等，这类传播媒介具有信息反馈迅速，形式灵活多样，传播效果明显，并利于保存等特点。

　　高校运用实体进行传播意在某种事物上包含有某种信息，是事物充当信息传递的载体，如校旗、校徽、校服、明信片、贺卡、信封、信笺、笔记本等。音像传播媒介包括广播、电视、网络等。

　　进行校园物质文化建设，特别应强调融合学校精神，要注重考虑如何发挥学校物质设施对学生精神潜移默化的传播功能，时时处处地对学生的思想、情操、行为、习惯起着熏陶、渗透和影响作用，从而使学生在这些稳定传统的熏陶下，形成积极向上的思想观念、健康的心理品质和较高的科学文化素质，发挥隐性教育作用，使校园物质建设在充分发挥使用功能的基础上，尽可能富于有学校特色的文化意义。

　　孩子永远是校园的主人。学校不仅传播科学知识，同时还传递价值观念、道德规范、社会准则、生活方式等潜在的文化信息。即校园物质文化不是陈列和摆设，而是要通过传播先进、文明的生活观念和科学文化，影响孩子的价值观、世界观和人生观，使他们在获得物质享受的同时，在精神上理解文化，鉴赏文化，陶冶生活，美化生活。它所倡导的生活理念、价值取向、行为规范及行为准则，影响着孩子们对真善美的追求。

　　物质基础文化在传播过程中涉及的思想、意识、观念、道德等，虽然看不见，摸不着，但孩子们们通过长期的耳濡目染，在精神上情感上意会默认，思想就会不知不觉地发生变化。

　　校园物质文化建设中一定要重视标语口号的传播，它们能够倡导积极进取，自强不息的人生信念，并促进学生的价值观念的形成。

今年 5 月 12 日发生在我国四川的汶川大地震，全世界人民给予了灾区人民巨大的物质援助，我国人民尤其是各学校更是表现踊跃，校园墙壁写满了标语口号：一方有难，八方支援；奉献爱心，情系灾区；万众一心，众志成城；绵薄之力，积沙成塔；携手同心，抗震救灾；地震无情人有情，奉献爱心见真情；抗震救灾你我同行等等。标语口号传播的是积极进取的人生观、民族观，对学生们的社会心理、爱国主义情感会产生强有力的影响，而这种精神财富正是构筑人类生命价值最根本之所在。

不少学校有"榜上无名，脚下有路"口号，给学生讲述许多没有考上大学而成为对社会有用的人的故事，针对高考落榜生的心态，启迪他们登高望远，失利不等于失败，引导他们走正确的人生之路，其深刻的教育意义和强大的精神力量，使多少"榜上无名"者，获得鼓舞和勇气，告别自卑和彷徨，走向更为广阔的天地，重塑自我。

实践证明，在校园物质文化建设中，以标语口号的传播形式，对学生进行社会教育，不仅能增进学生树立正确的价值观，人生观，世界观，以及促进学生关注、认识社会问题并积极参与解决，而且可以激励学生们不怕失败，自强不息，积极向上，热爱生活并创造生活。

校园物质文化建设过程中应把握好的原则

（1）重要性原则。

高水平的学校管理，归根到底还是文化的管理。高品位校园文化的形成，必定给学校注入勃勃地生机与活力。轻视学校物质基础文化的建设，师生的精神家园将颓废散乱，学校将失去发展提高的目的。

（2）独立性原则。

没有独立精神的校园物质文化无异于没有校园文化。学校应根据自己的特点和具体环境，进行具体的设计定位。纵观成功学校的校园物质文化建设，不难发现都有其独特的校园文化。

（3）人本性原则。

学校领导要引导师生员工正确认识学校物质文化所倡导的思想理念和价值标准，让他们体验到"我做对了"，"我做好了"，"我成功了"。

（4）长期性原则。

学校物质文化是一个学校在长期经营中形成的，其建设是一个漫长的过程，是一个不断提高的过程。

（5）"两手抓"原则。

精神文化是校园文化的核心和灵魂，在校园物资文化建设的同时要加强校园精神文化建设。因此，各中小学在校园物质文化建设的同时，也要大力加强校园精神文化建设。坚持"两手抓"的政策，使校园物质文化建设与精神文化建设相辅相成，相互促进。

总之，校园物质文化是学校教育的一个重要组成部分，是素质教育的重要载体。加强校园物质文化的建设，是循序渐进的过程，需要持之以恒。校园物质文化对学生思想理念的影响虽不是立竿见影的，但却是稳定渐进的。要相信，品牌的校园物质文化必然会有利于全面实施素质教育，从而促进学生健康成长和终生发展。

10. 优化班级的物质文化环境

班级物质文化建设是指教室环境建设，主要是指教室的自然环境，包括教室墙壁布置、标语口号的拟定、桌椅的摆放、环境卫生的打扫与保持等等。苏霍姆林斯基曾经说："无论是种植花草树木，还是悬挂图片标语，或是利用墙报，我们都将从审美的高度深入规划，以便挖掘其潜移默化的育人功能，并最终连学校的墙壁也在说话"。

教室是学生学习、生活、交际的主要场所，是老师授业、育人的阵地，是师生情感交流的地方。优美的教室环境能给学生增添生活与学习的乐趣，消除学习后的疲劳。更重要的是，它有助于培养学生正确的审美观念，陶冶学生的情操，激发学生热爱班级，热爱学校的感情，促进学生奋发向上，同时还可以增强班级的向心力、凝聚力。因此班级文化建设首先要抓好教室的环境布置。

精心设计班级标语

班训是班级整体精神、目标的体现，主要是对学生的要求、训导、告诫或防范。着重抓青少年的文化人格和非智力因素的养育和训导。可让全班共同开动脑筋，针对班级目标和自身目标每人写出一两句言简意赅的班训，再经过班委精心选择。如有一个班选择了"求真、务实、创新"这一条作为班训，把它做成深红色隶书字体贴在教室后方黑板报上方作为班训，这几个字提示同学们为人要真诚，做事要有城信、务实，同时每个人都有着自身的优势和特点，都应该在这个集体中不断挖掘自身潜力，不断创新并实现自我，学生在不知不觉中接受这种班级的奋斗目标和价值导向，结成一个集合体，形成一种理想的人格，从而起到"润物细无声"的作用的。

细心布置班级墙壁

可在教室左、右面墙壁的空白处悬挂名言名句，从而营造学习的氛围，以此来激励同学们不断地拼搏、进取。可在教室的墙壁悬挂中国地图和世界地图，让学生了解最基本的地理知识。教室后面的墙壁上则是奖状区和学习园地区，看到奖状可以增进学生的集体荣誉感，激发大家热爱班级的情感，从而增强集体的凝聚力和向心力。教室卫生工具整齐地排放，黑板报期期做到图文并茂。教室环境的美化，可培养学生讲文明，讲卫生的习惯。

教室虽小，可它处处有宝，关键还要看我们如何利用。如果我们能使班级的各种物化的东西都体现班级的个性，都给学生一种高尚的文化享受和催人发奋向上的感觉，那么，班级文化也就如一位沉默而有风范的老师一样，起着无声胜有声的教育作用。

假如说校园文化是学校教育中的"社会"的话，那么班级文化就是学校教育的"家庭"。班级文化是一门潜在的课程，它有着无形的教育力量，因此，班主任要高度重视班级文化建设，有效推进素质教育。

11. 开发校园文化的积极因素

近年来，随着教育改革的浪潮不断涌起，作为新一届的校领导班子成员积极带领全校师生，与时俱进、大胆改革、勇于创新，前瞻性地提出了"以素质教育为目标，以互动发展为方向，将精神文化建设寓于校园文化主、客体之中"的建设方向，形成了个性鲜明、高品位的校园文化氛围，取得了良好教育实效。

物质文化与精神文化的辩证关系

文化是历史上各种物质和精神现象的积淀，"文化"具有"培养、培育和有教养"之意，与"教育"的内涵基本吻合。校园文化则是学校的总体文化，是指学校在长期的育人实践中所逐步营造的具有学校特色的物质财富和精神财富的总和。它有四个组成要素：校园物质文化、校园制度文化、校园精神文化以及校园行为文化。

其间，各要素是相互联系、相互制约、相互作用的，物质文化的创造是在一定的观念支配下采用一定的行为方式而实现的，精神文化总是体现在一定的个体或群体的行为中，并对其存在的物质环境产生某种文化影响力，行为文化的形成，又总是伴随着一定的价值观、生活信念和行为规范，行为的指向必须存在于一定的物质环境中，再者，物质文化的创造、精神文化的孕育以及行为文化的选择，都要打上社会关系的烙印，制度规范的要求。因此说，校园文化应当是物质文化、精神文化、制度文化、行为文化组成的不可分割的有机整体。

当然，在上述的校园文化的四个要素中，精神文化属于较高层次，浓郁的校园文化精神需要一定的物质设施和严格科学的制度来保证，但物质设施和规章制度层次的建设要体现精神文化意义。而校园文化建设突出精神文化意义尚没有达到明确化、普及化，大多数地区的校园文化建设相当大程度上仍然停留在较低层次上，导致行为文化效果总是不近人意。

重要的原因是对校园文化中精神因素的作用认识不够全面、深入，使得物质文化和制度文化层次的建设缺乏明晰的目标，行为文化效果难以提升。校园文化建设经过多年的积累与探索，物质、制度层次的建设已经渐趋饱和并已开始显示出重复建设的苗头，不努力发掘现有的物质文化设施和制度文化的精神文化意义，必将导致校园文化仍然处于一种低水平状态，发挥不出校园文化在教育中的积极而重要的作用。所以，将精神文化建设提升到凸显的位置，并将它"寓于校园文化主、客体之中"的建设方向，已成为当今校园文化建设的主要趋势。

凸显精神文化建设在教育过程中的作用

透过校园文化的物质文化、制度文化和精神文化三种基本形态，可以看到校园文化的核心包含思想观念、心理素质、价值取向和思维方式等，其本质是一种人文环境和文化氛围。校园文化的建设包含进行科学文化艺术和审美教育，组织各类艺术社团，开展各种科学文化艺术活动。校园文化建设的目的是丰富校园生活，提高文化艺术修养、道德情操和审美情趣。由此可以得到两点结论：校园文化建设的积极作用与学校素质教育目标是一致的；校园精神文化是校园文化的核心和灵魂。

精神文化是人类在精神需求驱动下所形成的精神活动的方式极其对象化产品的总和。校园精神文化是整个人类社会精神文化的一部分并受其影响和制约。学校的文化传统、校风、人际关系、心理氛围等都会体现校园精神文化。而校园文化的积淀性、隐渗性和持久性特点不仅预示着校园精神文化建设积极作用的深刻性，也预示着建设校园精神文化需要长久的坚持力、敏锐的洞察力和巧妙的选择力。

高品位的精神生活、高层次的精神享受、高雅的文化生活氛围，会培养积极向上、充满活力的健康心理。把娱乐其身心、陶冶其性情、潜移其品性、培养其情操、塑造其灵魂，作为校园精神文化建设的指导思想，利用文化活动能产生极大的凝聚力与荣誉感，营造勤俭节约、勤奋苦读、集体利益至上的氛围，使校园内的生活更为和谐轻松、活跃高雅，发挥青春活力，发展个性爱好，使校园内充溢高尚的文化气氛，推动校园内的精神文明建设。

开展精神文化建设，创设校园文化新境界

马克思曾说："主体是人，客体是自然"。校园文化主体是校园文化的直接继承者、建设者、创造者和反映者，他们直接关系到校园文化的性质、特征和功能。归纳各家对校园文化主体的观点和认识，分析可得，校园文化的主体不仅包括学生，也包括教师，还包括学校领导管理人员和职工。学校教育任务的完成、学校组织功能的实现，是各种主体协同活动和共同发挥作用的结果。

作为一个整体的校园文化，同样是全体师生员工在各自不同领域以各种不同方式，为创造和反映校园文化而协同活动的结果。校园文化主体同时也是校园文化客体的组成部分：当他们在校园文化建设过程中发挥积极主动的作用时，他们是主体；当他们成为校园文化结构中特定的研究对象时，他们是客体。校园文化是校园文化客体中具有主观能动性的组成部分。

校园文化既表现为一种成果，又表现为一种过程。要将校园精神文化建设寓于校园文化的主、客体之中，开展广泛的校园精神文化活动，充分发挥校园文化育人功能、规范功能、凝聚功能和创新功能，营造校园文化新境界。

（1）重视对学生的精神文化建设。

学生是校园文化主体中最大的群体，"善教者必有善学者，而后其教之益大；教者但能示之以所进之善，而进之只功，在人自悟。"学生是以学习作为主要社会义务的人。作为处于发展过程中的青少年学生，他们乐于接受新事物，富于批判精神。学生的思想行为常常表现为波动不定的状态。学生主体的思想行为历来是校园文化的品质标志和焦点。重视对学生的精神文化的建设，是校园文化建设的重要内容，也是学校教育取得良好效果、为社会输送优秀人才的重要途径。

学校在进行对学生精神文化建设的过程中，以提高国民素质和民族创新能力为宗旨，坚持"以学生为本"、"以学生自主为原则"的教育思想，开展丰富多彩、独具个性的校园精神文化活动，营造良好的学习文化环境，加强和改进青少年学生的思想品德，为促进学生身心结构的健全、智慧才能的开发、人格的完善，增强学生的创新意识，培养其创新能力付出了巨大的努力，取得了令人欣慰的成果。

（2）重视对教师的精神文化建设。

教师是学校职工队伍中的最大群体，是学校教育的重要实施者。教师的基本任务是传道、授业、解惑，他们闻道在先、术有专攻。社会的要求以及教育对社会文化的选择最终必须具体由教师来落实贯彻，用教育学的术语来说，教师在校园文化活动中起着主导作用。教师主体直接影响着校园文化的性质、方向、水平甚至样式。

重视在教师中的校园精神文化建设是提高教师队伍质量的重要手段之一。

①着眼于学校的长远利益，重视对学校教师队伍中的管理人才和专业教育人才的思想、道德水平的建设，要求每一位教师严格遵守"中小学职业道德规范"，以自己的高尚情操和优良的品质陶冶学生。努力塑造学校和教师的良好形象。组织广大教师认真学习了江泽民同志在北师大诞辰一百周年庆祝大会上的讲话，要求大家做到志存高远、爱国敬业；为人师表、教书育人；严谨笃学、与时俱进。促成了学校良好教风，促进了团结奋进的领导班子和专业教师队伍集体的形成。

②注重提高两支队伍的业务水平，打造一支专业素质过硬，善打硬仗的教师队伍。特别强调严把"入口"关，经过严格筛选，学校吸纳了一大批高校的优秀大学毕业生，从兄弟学校调入了具备本科学历且教学实践经验丰富的中青年教师。他们不仅迅速在教学第一线发挥了显著的作用，而且改善了学校教师队伍的知识学历结构和年龄结构，给学校注入了活力，优化了教师队伍。

为尽快提高现有师资的专业素质和教学能力，积极鼓励教师专业进修和参加各种培训，并为他们创造一切有利条件，使专业合格率已达95%以上。要求学校对刚参加工作的大学生在正式上岗前进行教育理论、教学方式的培训，帮助他们及时地适应教学环境。邀请教育界的专家系统传授了先进的教育教学理论和工作方法，推动了青年教师不断提高自身的素质和能力。学校定期举办面向全市的教学开放日，给一大批青年教师提供了一个锤炼教学艺术，展示才华的舞台。学校高度重视培养学科带头人和拥有自身独特教学思路、风格，并在市内有一定影响的名师。

建设一支特色教师队伍，办出个性鲜明、特色突出的学校，是不断开拓生存和发展空间的立足点。

建立一支朝气蓬勃、奋发有为的干部队伍是学校工作总体思路得以切实贯彻的重要保证。用正确的思想教育武装干部，解放思想，与时俱进的模范；勇于实践，锐意创新的模范。

大胆使用、放手锻炼、不断调整优化，十分注重干部梯队的建设，将一批德才兼备，富有创新精神的青年教师充实到管理岗位，要求他们在实践中加强理论学习，注重实际工作能力的提高，确保整个干部队伍永葆活力。学校建立了干部能上能下的动态管理机制，推动学校各部门干部全力做好本职工作，并自觉严格要求自己。

事实证明，在创建及创建以后的工作中，学校绝大多数干部能够较好完成本部门工作并相互协同配合，能够肩负起九中未来发展的重任。

（3）重视环境中的精神文化建设。

前苏联教育家苏霍姆林斯基曾说过："教育的艺术在于，不仅要使人的关系，成人的榜样和语言以及集体里精心保持的种种传统能教育人，而且也要使物质与精神财富能起到教育作用。用环境，用学生创造的周围情景，用丰富的集体精神生活的一切东西进行教育，这是教育过程中最微妙的领域之一"。

"蓬生麻中，不扶而直"。幽雅的人文气息，厚重的校园环境对人潜移默化的教育影响是不言自明的！大量的事实表明：成功教育的特点是使学生在没有意识到受教育的情况下发生的，而这种潜移默化的教育往往具有滴水穿石的力量。重视环境中的校园精神文化建设具有其他教育不可代替的举足轻重的作用。

重视在环境中的精神文化建设，学校物质文化建设的价值取向得到了较好地反映；同时，精神文化的影响也得到加强，进一步增强了学校的凝聚力和向心力，从而促使学校的办学质量跨上了一个新的台阶。

学校以和谐优雅的育人环境，以自然美的景观来陶冶学生的性情，塑造学生美的心灵。通过花草树木、名人塑像、橱窗、宣传栏等，让学生耳濡目染，通过先进的教学场所和教学设备来塑造学生的道德、文化、科技、艺术灵魂。这里有散发着人类智慧幽香的花草树木、艺术长廊、教学设备、科技氛围，这里凝聚着历史的、文化的、社会的人文精神，集中反映了学校健康、科学的文化价值观念，反映了崇高教育目标的价值取向，学生在与其无数次的"视界融合"中不断得到陶冶和塑造，正所谓：景观是校园的陶冶之源，解读是精神的建构之本。人与自然的融合，让人的心灵得到净化，志趣变得高尚，道德得到升华。

坚持"以素质教育为目标，以互动发展为方向，将精神文化建设寓于校园文化主、客体之中"的建设方向，通过不断学习、总结、汲取、创意，集集体智慧于一炉，而逐步形成个性鲜明、品位高雅的校园文化氛围，为教育教学管理和发展取得了良好实效打下坚实的基础。

12. 学校制度文化建设

校园制度文化作为校园文化的内在机制，包括学校的传统、仪式和规章制度，是维系学校正常秩序必不可少的保障机制，是校园文化建设的保障系统。"没有规矩，不成方圆"，只有建立起完整的规章制度、规范了师生的行为，才有可能建立起良好的校风，才能保证校园各方面工作和活动的开展与落实。但仅有完整的规章制度是远远不够的，还必须有负责将各项规章制度予以执行和落实的组织机构和队伍，因此，还必须加强相应的组织机构建设和队伍建设。也就是说，制度文化建设实际上包括制度建设、组织机构建设和队伍建设三个方面，组织机构建设和队伍建设是确保制度建设落到实处，并使其真正起到规范校园人言行的关键环节，校园文化组织机构的健全和完善，校园文化队伍的勤奋与能干，对正常开展校园文化活动，加强校园文化建设，具有十分重要的、决定性的作用。

13. 校园文化制度建设

学校是专门育人的地方，良好的校园环境能起到潜移默化的育人功能。良好的校园文化不但能推动学校的物质文明建设，还有利于推动学校的精神文明建设。校园文化建设是学校教育的重要内容，它有助于我们在建设的过程中增长知识，更有利于孩子的健康成长，对孩子的思想道德素养的提高具有重要的意义。

校园文化是整个学校全体成员凝聚在一起的强大的精神力量，也是学校的品牌形象，它对全体教职工和学生产生潜移默化的陶冶作用。自觉主动地创建和发展校园文化，能够增强学校自身的凝聚力，提高教育教学质量；同时，能够对学生、家长及周边地区以及整体社会产生示范辐射作用。

为进一步贯彻落实《中共中央国务院关于进一步加强和改进未成年人思想道德建设的若干意见》和《教育部关于大力加强中小学校园文化建设的通知》的精神，切实加强校园文化建设，全面推进素质教育，重视校园文化建设，是现代教育管理发展最重要的趋势。

制度具有约束力，是我们一切活动的依据，是校园文化稳定发展、持久不衰的保证。校园文化制度是校园制度之一，校园制度作为校园文化的内在机制，是校园文化建设的保障系统。校园文化制度建设应坚持文化的正确方向，明确规范的文化内容，突出鲜明的文化特色，力求发挥文化的育人功能。有文化无制度，文化的价值和功能会大打折扣，文化气息难以浓厚；有制度而无文化，就像一潭死水，毫无生气。只有制度化的校园文化，才有校园文化魅力；只有制度化的校园文化，才能促进校园文化的发展。

校园文化制度与校园文化建设之间的关系

（1）校园文化制度是校园文化建设的保障。

（2）校园文化建设是校园文化制度管理的提升。

（3）校园文化制度管理与文化建设可以相互交融，共同促进。

制度管理为学校的建设和发展提供刚性的指导和规约，是学校发展的基础保证；校园文化的建设则需要载体，学校制度的制订、落实、完善等一系列过程，同时也是校园文化形成、提升的过程。

反过来，校园文化也会影响制度的制订、落实及完善。为了使制度管理与文化建设相互渗透、共同促进，学校的管理者在考虑学校的建设与发展时，一定要考虑周全。不但要深刻分析这所学校现状及社会发展方向的基础上，用高瞻远瞩的文化视野，制定学校发展的远大目标；而且还要深入了解这所学校的历史，包括制度建设基础与一些潜在的文化。

学校文化的形成是一个漫长历史积淀的过程，只有学校的管理者同时扮演好管理者和文化的传递建设者两个角色，学校的文化才能源远流长、与时俱进。

校园文化制度建设中存在的问题

（1）校园文化制度的制订没有体现民主

制度在制订的过程中没有体现出民主一般呈现出两种情况：

①个人独断的现象。现在很多学校都是法人说了算，而往往法人就是校长，所以就变成了校长说了算。校长说我们该怎么做就怎么做，校长一说开展什么样的活动就开展什么样的活动，这种情况现在非常多。

②领导班子成员讨论决定的现象。这种情况现在出现得比较多。这类学校是领导班子几个成员讨论后决定，不征求广大教师的意见。

（2）校园文化制度的具体内容不全面、不具体

①制度内容不全面。校园文化制度是制度下的一个大的制度，它又包含了许多小制度，如校风、教风、学风等。在制度的内容上往往顾此失彼，顾到了校风、教风、学风方面的内容，却忽视了校园文化活动开展方面的内容。有的是重视了校园文化环境方面的内容，却又忽视了校园文化特色方面的内容。

②制度内容不具体。有的制度笼笼统统，只有大的框架，让人看了费解，不知道如何去落实和实施。比如，开展形式多样的实践活动，丰富校园文化活动。看了之后你知道是开展哪些文化活动，用什么样的形式吗？不知道，所以用细化的制度规范我们的制度化管理，才能推动我们校园文化制度的建设。

（3）校园文化制度形成后，措施落实不到位

制度形成后，措施落实不到位有多种情况，也有多种原因。主要体现在以下几个方面：

①认识不够。这里的认识指的是思想上的认识，很多师生在思想上认为，制度只不过是流于一种形式，到时候没有落实到位也不会有什么惩罚。所以，提高师生的思想认识是非常重要的。

②管理不到位。管理不到位主要指的是分管校园文化建设的管理人员没有严格按制度来规范和要求，制订出相应的措施后没有认真履

行自己的职责，忽视了措施的落实，要不然就是落实措施的力度不够。

③没有物质的保障。为了能更好地推动我们的校园文化制度建设，配备相应的激励机制是非常必要的。然而由于某些学校的资金不足，无法保证在制度建设上的一些资金要求，就造成激励机制"激"不起来。没有物质的保障，很多工作都难以开展下去。

（4）制度没有定期总结、改进

一个制度形成以后是需要试行一段时间的，包括校园文化制度在内。在一段时间后针对这个制度的好坏进行总结分析，好的继续使用，不好的在听取群众意见后进行相应的调整，改进制度的不合理。一学期或者一年，我们对其进行一次总结和改进。但就目前来看，一些学校是没有进行总结性改进的，而且一个制度可能用了好多年。时代在前进，社会在发展，校园文化建设在不同时期内容是不同的，校园文化制度的建设也要与时俱进，制订出相应的校园文化制度。

校园文化制度建设的策略

（1）提高思想认识，转变管理理念。

①提高师生思想认识，遵守校园文化制度。制度具有规范和约束的特点，它是我们必须要遵守的，是一定要这么做的，它的存在约束着我们的一些言行。在思想上不能松懈，要意识到这个制度不是制订出来好看的，是与师生和学校的发展息息相关的，是推动良好的校园文化建设，营造良好的校园文化氛围，促进校园文化活动的积极开展的。

②转变制度管理理念，"硬""软"管理结合起来。在传统的校园文化管理中，校长首先考虑的是怎样约束和规范师生员工的行为，统一思想，快速推进学校的发展。在时代的洪流中，现代管理者的理念发生了变化，更注重"以人为本"，把人的发展看作是管理的目的，突出"人"自身的价值和发展的需要，注重用激励机制而不是单纯用

约束的方法。我们在制度管理中要转变管理的理念，不仅要考虑学校的发展需要，更要考虑师生的发展需要。我们要将制度管理的"硬"管理与文化的"软"管理结合起来，寻求学校发展和师生发展的最佳结合点，尽量把个人目标与学校目标统一起来，共同推动校园文化制度的建设。

（2）积极推进改革，使之民主化、制度化。

①校园文化制度建设的民主化为了能更好地制订出切实可行的制度，选用民主的方式不失为一种好办法，充分发挥师生员工主人翁的精神。古人云：三人行必有我师焉。有时候你没有想到的好点子有可能别人就能想到。博众之长，才能将校园文化制度制订得更全面、更详细、更具实效性；用制度的建设指导我们校园文化工作的积极开展。校园文化制度的建设的民主化也是良好校园文化的体现。

②校园文化制度建设的制度化就是制订规范的、全面的、可操作的校园文化制度。让制度化的校园文化建设积极推动校园文化的发展。

（3）校园文化制度制订和修改的原则。

每一个学校都制订有校规校纪，但都不是完全相同的。随着社会的进步，时代的发展，情况也会随之发生变化或改变，新问题的出现等一系列的问题接踵而来。要与时俱进，就得制订一些新的制度，修改一些原来的制度。校园文化制度的制订和修改不是随意的，它应该遵循一定的原则：

①目的性，不管是修改旧制度还是制订新制度，目的要明确，针对性要强，这样的效果才会明显，学校师生才会感到这是必要的。师生对制度的认同度越高，制度提升为文化的可能性越大。

②可行性，首先考虑校园文化制度落实的必要的物质条件，如现代化的教学设施、与新课程相匹配的实验条件，远程教育需要的先进的教学设备等等。

③基础性，在校园文化制度的制订过程中，要考虑到制度制订的文化基础。

第一，校园文化制度的制订因校而异。学校不同，文化历史也会不同。一个学校的教育思想、管理措施、办学目标的实现往往受学校文化历史的左右。校园文化虽有可塑性，但其惯性的力量不可低估。如在教师合作与竞争的关系上，我们鼓励的当然是合作与竞争共存。也就是合作中有竞争，竞争中有合作，形成双赢或多赢的局面。

但在实际的工作中，大多数学校并不能达到这样一种理想的局面。有的学校注重教师个人力量的发挥，有的学校注重教师之间合作。前者造成教师竞争意识较强而合作意识较弱，不能做到资源共享，集体备课教研活动留于表面；后者造成教师之间合作意识较强而竞争意识较弱，容易使教师产生惰性，不利于人才的培养。这两种情况，在校园文化制度制订时都是应该考虑到的。因为制度是一种规范，更是一种文化的导向。

第二，校园文化制度的制订因时而异。这个"时"既指时代，又指学校发展的不同历史时期。同一所学校的校园文化有其相对的稳定性，但也不是一成不变的。制度制订不能朝令夕改，应有一定的稳定性；也不可能永远不变，必须有一定的时效性。

④民主性，在制度制订或修订中，一定要坚持民主集中制的原则，特别是要使全体教职工积极参与制度的制订与完善的过程，发挥工会、教代会的民主管理和监督作用。学校的做法主要是通过学校行政会议集体讨论，然后由全体教职工提意见，最后学校行政会议再集体讨论的做法。这样可以发挥班子集体领导的作用，又可以群策群力，使学校管理者和各部门的管理人员上下一心，以便规章制度的规定和要求落到实处。

另外，要让学校教代会履行审议职能，这样可为学校各项规章制度的顺利实施奠定群众基础。规章制度有群众基础是其能提升为校园文化的前提。

狠抓落实，充分发挥制度建设的效能作用

（1）狠抓制度落实的过程。

促进校园文化建设的发展，制度一经确立，就成为全体师生员工必须遵守的行为准则和规范，具有较强的强制性和约束力。但如果不能与校园文化相结合，这种强制性和约束力就可能只停留在表面上。因此，要达成制度建设与思想建设同步，就必须在制度建设的过程中加强道德建设，提倡甘于奉献、乐于进取、与时俱进的精神。以人为本，这个"人"，指的是绝大多数师生的根本利益。

①变单纯行政管理为人本化的行政管理，人本化行政管理即以人为本的行政管理更重视"人"。这就要求管理者要营造一个宽松的环 境和民主的气氛，尊重学校的师生员工。对确实不适宜或暂不适宜的制度，要撤销或调整，对制订、实施制度中的经验及成功的做法，要进行总结与提升，并不断强化，使师生由养成行为习惯到产生新的思想观念。这样，校园文化才能得到升华。

②变单纯结果评价为结果评价和过程评价相结合，管理者要改变过去只重结果，简单地给师生贴上标签的评价方式，而使用一些有激励作用的发展性评价，把过程评价与结果评价有机地统一起来，才能提高管理效能。

（2）充分发挥制度的效能作用。

带动学校快速发展，校园文化是学校教育的重要组成部分，是学校精神文明建设和素质教育的重要组成部分，它作为一种环境教育力量，是全面育人不可或缺的重要载体，是展现学校教育理念、学校办学特色的重要平台，是规范办学的重要体现。成功的学校离不开健全、完善的制度。建立好校园文化制度，将带动整个学校向更高更好的方向发展。

总之，在制度管理科学化的同时，随着我县教育事业的发展，进一步加强学校的校园文化建设，全面提高学生素质，已成为提升学校教育形象的必由之路。

14. 校园体育文化建设

校运会改革

将传统的校运会由单一的运动竞赛转变为融健身、娱乐、竞技、文化活动为一体的综合性体育文化活动；由面向少数有体育特长的学生改为面向全体师生员工；由追求胜负、名次，变为全面开发学生的潜能，培养学生体育文化活动的实践能力和创造、创新能力，促进德、智、体、美全面发展；由单纯的体育健身变为育体、益智、健心，充分发挥体育的多维功能。从而使校运会成为联系学生的纽带，成为凝聚全校师生的载体，并对学生进行体育文化教育，促进素质教育的发展。

定期举办院体育节

（1）不仅要有展示各体育兴趣小组特色的活动，而且要有为其他同学感受运动的快乐的机会。如拔河、多人绑腿跑、踢毽子、长绳接龙等项目。这些活动参加人数多、场面热烈，运动员们争先恐后，竞争激烈，各班的拉拉队文明、奔放、热烈，充满激情与活力，不仅为学生提供展示个人才华的机会，培养发展学生个性，而且增强学生集体责任感、荣誉感。

（2）体育节除了体育表演、体育比赛、宣传教育等内容外，还可以开展诸如体育专题讲座、体育演讲比赛，体育知识竞赛、图片资料展等活动。体育文化节的活动形式也可采用集中与分散结合的方式进行，即开幕式、闭幕式等大型活动全校集中、小型活动可按系科、班级或按阶段分期进行，这样，就能够全面地开展高校校园体育文化活动，取得更好的教育效果。

在日常教育中创造校园体育文化氛围

加强对体育的宣传力度，把校园体育文化体现在校园生活的每个角落中，使体育锻炼意识深入人心，使体育活动成为每一个大学生日常生活不可缺少的一部分。有两种途径。

（1）校园体育文化宣传利用标语、板报、广播、校园网等宣传媒体为学生介绍体育赛事、体育培训、体育消费指南、体育欣赏知识、体育明星及国际国内体育动态，心理健康知识等。

（2）体育文化渗透。这是指学校任何领域均要有体育文化精神，谈到学习，就要谈学习与健康；谈到劳动，就要谈劳动与健康；谈到思想，就要宣传精神与健康，使校园体育文化深入人心。

有效利用体育课进行体育文化教育

体育课是实现高校体育目标的基本形式，是对学生进行有目的有组织的教育过程，是校园体育文化的基本组成部分。是传播体育文化和体育思想的重要途径。因此，体育课要以学生的学习和锻炼为中心培养学生树立终生体育意识，养成锻炼习惯，提高锻炼能力。在选择教材的安排和方法上，既要考虑锻炼的实效性、科学性，也要增加趣味性，要让学生达到"懂、会、乐"的体育效应。

校园体育制度文化建设的具体对策

完善的强有力的学校体育管理体制和健全规范的体育规章制度是校园体育文化建立和健康发展的有力保证；是校园体育文化管理规范化、科学化的关键；是一切校园体育文化活动的准则。建设校园体育文化制度需要从以下三方面进行。

（1）实现管理的制度化。

①要力求制度订立的完善性，校园体育文化制度订立时要充分尊重全校师生员工的积极性、主动性和创造性，集中大家的智慧，要考虑到各个方面，处理好体育课内文化与体育课外文化，体育教学文化与体育训练文化，学校竞技体育文化与学校业余体育活动文化，高校校园体育文化与高校校园其他文化的关系。

②规章制度要明确具体便于操作，规章制度是人们的行为规范，该怎样做，不该怎样做，做什么，做到什么程度必须是具体的、明确的，不可模棱两可。必须有较强的针对性和操作性，使人一目了然，并能依此行事，言行举止有所依规，以免使之成为一纸空文。

③坚持制度作用的导向性，制度是一种保证，又是一种导向。在校园体育文化建设中，制度不仅起到规范作用，还必须起到引导的作用。因此，在校园体育文化建设中，要坚持制度作用的导向性，引导高校校园体育文化向健康、文明、高雅的方向发展。

（2）实现管理的系统化。

①要有明确的管理目的，目的是进行一切工作的起点和归宿。没有明确的管理目的，一切管理工作将迷失方向，走入歧途。高校校园体育文化建设也要有明确的目的，即，使学生认识到体育锻炼的意义，提高体育锻炼的兴趣，最终实现终身体育锻炼的目标。

②要有分管的领导，在一个管理系统内，有了分管的领导，各个管理系统要素才能围绕这个核心有序的进行。因此，学校必须设立一位专门管理体育的人员，对体育设施、体育活动、体育社团进行集中管理，促进高校校园体育文化建设的顺利开展。

③明晰体育管理部门的分工。

（3）严格执行和遵守各项规章制度。

①职能部门要秉公执法，以事实为依据，以规章制度为准绳，严肃执法，严格按照规章制度来处理事情。在规章制度面前，全校师生都是平等的，任何人都没有超越学校规章制度的特权。

②有法必依是对每个公民的基本要求，学校的规章制度必须依靠全校师生员工的共同维护，需要大家的共同遵守，这是全体师生员工必须履行的义务。只有大家切实遵守规章制度，学校体育工作才能正常有序地进行。

高校校园体育物质文化建设的具体措施

要尽快解决场地、器材不足问题，按照《普通高校学校体育场馆设施、器材配备目录》配齐体育场馆设施。同时我们还应该注意解决场馆数量与学生参与程度的矛盾；场馆类型与学生兴趣的矛盾等问题。

强化校园体育文化设施的管理，体育场地、设施、器材是师生进行体育教学、锻炼的基本条件，要教育大家爱护环境。

（1）制定体育场地管理办法和措施，落实制度。

（2）落实专人或负责机构。

（3）严格执法，严格执纪。

更重要的是学校师生员工要有保护意识，以主人翁的态度爱护校园体育设施。

在进行场馆、场地和体育雕塑等建设时要做好总体规划。要讲长远规划与短期规划相结合，总体规划与项目规划相结合。

在长远规划中，要考虑到与其他校园文化设施相协调，考虑到占地面积、发展规模，并要根据学校特点、地理条件对全学校进行功能分区，并相对独立。

在短期规划中，对长远规划的分解，要一步一步、一个阶段、一个阶段进行。既要站的高，看的远，又要立足实际，量力而行。

在总体规划中，既要与校园其他设施相协调，又要体现学校的特点，体现其特有的品位，不落俗套。注重实用功能和审美需求的和谐统一。

15. 学校安全文化建设

学校安全是学校各项工作的基础，是开展学校文化建设工作最基本的保障，是提升学校竞争力的基本内容之一，是现实学校科学、可持续发展的基本前提，没有学校师生人身和学校财产安全的保障，没有平安和谐的学校环境，学校文化的建设、学校教育的科学可持续发展将只是建在沙丘上的玲珑塔，学校的一切工作都将失去稳定的支撑基石。

胡锦涛总书记在党的十七大报告中指出："科学发展观，第一要义是发展，核心是以人为本，基本要求是全面协调可持续，根本方法是统筹兼顾。"构建校园安全文化，创建和谐平安校园是对这一指示的具体表现。

学校安全文化是近年来在中小学校出现的一个全新的理念，它和中小学生的安全素质教育密切相关，是中小学生身心安全和健康的基石，它是校园文化的重要组成部分，又是中小学校园里一种特殊的文化现象。学校安全文化建设水平的高低已成为学校核心竞争力的基本内容之一。

如何进行学校安全文化建设，这是一个重大而永恒的课题。可以从校园安全物质文化、校园安全行为文化、校园安全制度文化、校园安全精神文化几个层次加强学校的安全文化建设。

夯实安全物质文化是学校安全文化建设的基础

学校安全文化的要依赖于一定的物质基础，在学校安全构成要素中，最直观、最外显的因素就是校园的硬设施和硬环境。坚实的学校安全物质文化是学校安全行为文化、学校安全制度文化、学校安全精神文化的基础。因此，要科学、精心建设学校安全的物质文化，通过学校的安全硬件建设保障学生安全，通过学校安全的环境营造，陶冶学生，提高安全心理素质，培育安全情感，规范安全行为，保障安全活动。

（1）学校的教育教学设备设施。

要符合国家相关法律法规的规定。目前，农村中小学校普遍存在的问题是教室栏杆高度不达标、教学楼道狭窄、食堂条件达不到卫生标准、电路电线老化、体育设备设施和运动场所达不到标准等。新修 订的《中华人民共和国义务教育法》第十六条规定"学校建设，应当符合国家规定的办学标准，适应教育需要；应当符合国家规定的选址要求和建设标准，确保学生和教职工安全。"

为此，学校在学校安全文化建设过程中应当通过多渠道，多途径解决这些问题。譬如争取上级主管部门的专项资金、获取地方政府投入、个人捐资、修建方垫资等方式筹备经费，使已有教育教学设备设施达到国家规定标准。学校在新建、改建校园过程中必须根据教育法规进行，为师生提供安全的物质文化保障。

（2）增加政府对教育的投入。

不断改善办学条件、办学环境，为校园安全文化提供物质保障和良好的安全环境。提高安全保障程度。如改造危险校舍、加高走廊栏杆，更换老化线路，加固围墙、添置灭火器材等，基本消除学校存在的不安全隐患。

（3）营造学校安全环境的氛围。

127

学校要努力建设安全的精神环境和营造安全文化氛围，让学生在安全的精神环境中受到陶冶和教育。如学校要开辟安全宣传栏，刊出安全法律法规、安全知识技能等，安全信息，建立安全友情提示角，在节假日、汛期、高温、秋冬干燥季节到来之前发布安全友情提示，让它成为学生特殊时段安全的良师；安全标语和安全宣传画上墙，让它成为学生日常安全的益友；此外，设置活动安全警示牌、校园道路安全减速标志或减速带，楼梯通道行走靠右、安全出入口标志等等，通过校园外在的安全精神文化的精心设置，给学生予潜移默化的安全教育。

规范安全行为文化是学校安全文化建设的要求

安全的物质条件可能给学生学习、生活的安全感，如果仅仅停留在表层现象，不一定能达到"安全"目标。思想决定意思识，意识引导行为，行为产生结果。进行学校安全文化建设重要的是培养学生的安全行为习惯和安全行为文化。

管理者和落实者牢固树立六个观念：树立安全也是生产力的观念，树立安全就是效益的观念，树立安全也是教育质量的观念，树立防范胜于救灾的观念，树立消除一个隐患等于防止一场事故的观念，树立安全不等于一切，但安全出问题可以否定一切的观念。在具体的建设过程中

（1）要加强安全行为教育。

增强学生安全行为意识。建设学生安全行为文化，提高安全行为的水准，首先要通过教育，培养学生主体的自觉自愿精神，形成主体的安全行为意识。思想是行为的先导，安全行为意识的形成必将成为推动安全文化的强大动力。学生的安全行为意识越强，对自己的安全行为意义就理解得越深，就会自觉地按正确的安全规则制度做事、做人。

为此,学校要组织师生认真学习安全法律法规,学习《中小学生安全管理条例》《中小学生安全事故处理办法》《交通安全法》等;学习安全防范知识,提高师生自我保护能力。学习防火防盗防抢知识,牢记火警、匪警报警电话,学习安全小常识。学校要通过开设安全教育课程,聘请法制副校长,举办安全法制报告会,召开以安全为主题的班团队会,办黑板报,组织开展安全教育日、周、月活动等,通过多种渠道、多种形式的安全教育,增强学生的安全行为意识,提升安全防范能力。

中央电视台第二套节目曾报道过九岁小女孩子成功将晕迷在浴室的父母救出的事情。其行为之慎定,实属罕见,该女孩发现父母在浴室长时间不出来,在窗口望见他们倒在地上,就立刻关闭了天燃气阀门,然后拨打了报警电话。小女孩的这一系列正确救助行为是安全教育成果的典型体现。

（2）要养成安全行为习惯。

提高学生安全行为能力。安全行为习惯的养成,不能靠一朝一夕或突击一阵风,而应根据学生年龄特点,生理心理发展特征和学校实际有计划、有组织、有目的地进行。学生安全行为养成具体做到五个结合,即与思想道德教育相结合,把教育学生安全行为与教育学生做人统一起来;与课堂教学相结合,把安全行为养成有机渗透在学科教学之中;与贯彻中小学生《守则》、《规范》相结合,把安全行为的培植与执行《守则》、《规范》同步进行;与学校开展的活动相结合,把安全行为规范养成寓各项活动之中。

（3）引导安全行为践行。

提升中小学生安全行为水平。为了使中小学生更加明确安全行为要求,学校要结合实际制定安全行为公约、安全行为规定等,有意识地引导学生践行安全行为,规范安全行为。如制定安全过马路规定,以此规范学生的交通行为。

完善安全制度文化是学校安全文化建设的保证

安全制度文化是围绕学校师生安全，规范学校安全管理，规范师生安全行为，要求全体师生共同遵守的规章制度以及相适应的组织机构。安全制度是学生安全行为的准绳，又是安全精神文化的基础和载体。学校通过建立健全安全制度，丰富校园安全文化；学生通过遵守安全制度，规范安全行为。

（1）明确建立安全制度文化的目的。

学校安全工作与其他工作一样都需要建立一套完整的、系统的制度，建设好安全制度文化对稳定学校秩序，保证师生生命财产安全，提高教育教学质量起着保障作用。

（2）完善安全制度文化内容。

学校随着社会经济的发展，针对校园安全工作特点，在原有安全制度文化的基础上进一步建立健全完善各项制度。如随着信息化的发展，网络进入社会、校园、家庭，学校要制定网络安全制度，规范学生上网行为，引导学生文明安全上网。

（3）落实安全制度文化的责任。

设立安全制度文化执行机构。安全责任制：每年主管校长对校长、各年级对处室、老师对年级、学生对班主任，各岗位职工对主管主任，层层签订安全责任状，纵到底、横到边，不留空白，不留死角。校领导带班、中层领导值班制度：值周、值班领导24小时不断人，周不隔天，日不断时，实行交接班登记制度。成立相关组织机构，及时处置突发的情况。

安全制度文化执行机构：一方面成立学校矛盾并纠纷调解领导小组，对出现的问题及时处理，将可能发生的故事处理在萌芽状态。另一方面设置师生心理卫生咨询室，对师生的心理问题进行及时疏导。目前，学生多为独生一族，家长多有溺爱，难免使部分学生性格略显缺陷，加之农村孩子父母大多外邮打工，学生心理健康状况水平偏低。对有心理缺陷的学生进行心理健康帮扶显得尤为必要，也是建设校园安全文化的需要。隐患检查制度：由综治办负责对全校安全消防等隐患每周普查一遍，对发现的隐患，下达隐患整改通知单，报校长审批，对隐患部位的管辖处室，限期整改，整改完成后验收销账。

护校队巡逻制度，组织义务护校队，经常安排巡逻，加强重要部位的空当期间值班。消防培训制度：每学期至少一次，可以集体校会的方式进行。消防人员要进行灭火器实际操作培训。疏散设施管理制度；消防设备管理制度；火灾隐患整改制度；用火用电管理制度；易燃易爆物品管理制度；消防救援组织制度；灭火应急预案；消防安全管理制度；剧毒化学药品管理制度；

大型活动安全预案申报制度，各种学生大型活动，将安全预案与活动安排同时进行，纳入活动安排的重要议程；消防值班制度；以及学生宿舍、实验室、微机室、食堂等重点部位的消防安全岗位责任制。

食堂与宿舍均有成套的安全管理制度。完善的管理制度，只有在狠抓落实上下功夫，才能发挥其作用。制度文化的内涵是在健全制度的基础上，严抓落实，确保制度的刚性执行，才能保证各项工作令行禁止。

为了确保各项安全制度的落实，每月安全制度及隐患整改定期进行，如遇节假日，时间顺延，并及时及相关领导做出汇报。学校一方面要与部门、科室负责人、班主任、科任教师签订安全工作责任书，把安全制度落实到人。明确提出各部门、科室、班主任、科任教师等应承担的安全职责，特别是要明确值周领导、值班领导对重点时段和重点地点的安全监控职责。使他们有责可负，有责必负。另一方面，学校要加强宣传教育，不断提高师生遵守安全制度的自觉性。

（4）检查安全制度文化的效果。

安全制度是靠人去执行落实的，再好再完善的制度，如果仅停留在制度汇编里，或挂在墙上，是不会产生好效果的。因此，学校要定期、不定期对各项安全制度执行情况进行督促检查，发现不足要及时整改，确保各项安全制度落实到位。学校安全制度文化是学校教育教学管理所必需的，学校只有不失时机地加强校园安全制度文化建设，才能不断提升安全管理的层次和水平。

提升安全精神文化是学校安全文化建设的核心

学校安全精神文化是师生安全思维方式、安全行为准则、安全道德观、安全价值观等一系列安全意识形态的集中反映，是学校安全文化的最高境界，它必须经过长期的潜移默化而形成。安全精神文化并非指学校安全文化环境的布置，或安全文化活动的设计，而是通过安全制度文化的规范、安全行为文化的养成，日积月累，逐步将外在的约束内化为师生的安全行为心理定势，师生对安全问题的个人响应与情感认同，从而转化为校园安全精神文化。

因此，要建设和完善校园安全精神文化，首先要加大安全的宣传教育力度，努力提高学生自身的各种素质，为养成安全习惯奠定基础。要加大安全制度文化的执行力度，让学生在制度的规范中习惯成自然，变为自觉行为；尊重学生在安全中的主体地位，培养学生安全文化的主体精神，使安全成为学生的自觉行为。

总之，学校安全文化是一个有机的整体，学校安全文化建设是一个系统的工程。其中，安全文化中的精神文化是核心，物质文化是基础，制度文化是保障，行为文化是外现。我们要以完善安全文化的价值体系为重点，以强化安全管理和落实行为规范为突破口，不断改善学校物质条件和内外环境。通过学校安全文化建设，使广大师生的安全素质得到提高，树立人人讲究安全，时时重视安全，事事注意安全，处处不忘安全的思想，让校园处处盛开"安全花"，时时奏响"和谐曲"。

16. 学校环境文化建设

校园环境建设对改善校园学习风气，提升老师和学生的精神生活，起到举足轻重的地步。校园环境建设首页是要考虑校园环境文化底蕴，其次要考虑校园地域文化和学校自身的文化，结合当代文化进行有效的利用和开发校园是环境建设的宗旨。校园文化建设渗透于学校的教学、科研、管理、生活及各种校园活动等方面，校园文化建设是学校实施素质教育和精神文明建设的重要组成部分，是青年学生成长成才的内在需要，更是推进学校和谐发展的重要载体。

17. 校园文化建设方案

凡是有人群的地方，都有自己的文化。班级文化是指依托并通过班级这个载体来反映和传播文化的现象，班级文化是社会文化的亚文化，是在社会主流文化、学校教育文化、教师文化的影响下，由班集体中全体成员自己创造出来的独特的班级生活方式。

如果把班级比作容器的话，那么学生就像水，在不同的容器里，会被塑造成不同的模样。把班级还给学生，让班级充满成长的气息，构建富有个性的班级文化是本次校园文化建设的重要举措。

班级文化的建设的方法

（1）物质文化。

班级物质文化是班级文化建设的"硬件"。它主要包括班级教室的设计、布置以及班级的教育设施等。主要包括两方面的工作：

①班级环境卫生，要窗明几净，地上没有纸屑，创造一个整洁的学习环境。这需要全班同学长期的努力，要有文明的观念、文明的行为，要持之以恒地与乱丢、乱吐、乱扔等行为作斗争。

②让教室的墙壁"说话"。教室四周的墙壁均可利用，营造出整洁清新、充满美感的浓厚的文化氛围。总之，班级是学生的第二个"家"，良好的班级环境建设会对学生产生润物细无声的浸润和熏陶的教育功能。

（2）制度文化。

以规章制度、公约、纪律等为内容的班级制度文化是班级文化建设的关键。作为班级文化中层面的制度文化开发的如何，直接关系到班级能否做到规章合理、纪律严明、管理科学。

班级制度公开化：开学初，班主任应根据《小学生守则》和《小学生日常行为规范》及学校的各项规章制度，并结合学生的年龄特点和自己已有的班级管理经验，组织学生讨论、制定富有本班特色的班规。班规应包含班级成员应共同遵守的各项规定，例如：定期调座位、卫生责任的划分等等。

班级管理民主化：让每个学生都有参与班级管理的机会，例如：值日班长、值周班委等，使班级成员人人有事做，人人有事情要负责，人人享有平等的权利和义务。

（3）精神文化。

班级精神文化是班级全体成员的群体意识、舆论风气、价值取向、审美观念等精神风貌的反映，是班级文化建设的核心。良好的班级文化使人身居其中，处处感到集体的温暖，同学之间团结友爱、互相鼓励、互相关怀，师生之间民主平等、爱生尊师，这种氛围使人心情舒畅，产生一股令人振奋、催人向上的力量，这种凝聚力一旦形成，会产生强烈的吸引力，把师生团结起来，共同为班级的发展而努力。

通过"个性班级文化"建设评比活动，促进班级文化建设：

①学年初，公布《个性班级文化评比细则》

②第一学期，期中，进行"个性班级文化"的"物质文化"和"制度文化"的交流、评比、展示；

③第二学期，开学初，进行"个性班级文化"的"精神文化"的交流、评比、展示。

④第二学年，初由班级文化建设成绩突出的教师对全体班主任进行"班级文化建设专题培训"。

通过这样的流程，使我们的"个性班级文化"的创建工作成序列，制度化，内涵不断更新。

个性班级文化评比细则

（1）制度文化。

①班级愿景：各班要依据各班实际情况，指定出富有特色个性的班名、班风、班训、班歌等。

②刚柔相济的班级管理制度。以新课程理念为指导，结合新的《小学生守则》和《小学生日常行为规范》，制定相应的班级管理制度，制定学生自评互评细则，每周进行评比，学生相互教育督促良好行为习惯的养成。严格规范学生的言行，使之养成良好的言行习惯，

（2）物质文化。

①美的教室：整洁的地面环境，美观的陈设布置，个性化的园地专栏，图文并茂的板报设计，使学生的心理上感到安全舒适，更起到陶冶性情、激发美感的作用。

②物品摆放：班级卫生工具、奖状及需要张贴墙面的制度等要按学校规定的位置摆放、张贴。

③活力与生机：充分利用阳台、窗台等地设立生物角，让教室整洁清新、充满生机与美感。

（3）精神文化。

①以正确的班级舆论感染学生。营造一种既相互竞争又团结协作的班级气氛，让班集体内师生之间、同学之间相互信任，关系和谐，正气上升，优秀的学生感到自豪，落后的学生奋起直追，每个人的创造性、积极性都得到赞扬和呵护，主体性得到充分发展。

②融洽的同学关系。同学之间团结友爱、互相鼓励、互相关怀。

③出色的日常表现。学生在礼仪、卫生、路队等日常管理各方面表现成绩优异。

④丰富的实践活动。开展建设班级品牌、富有创新性的班队活动。班级品牌，也就是班级特色，是班级文化的重要组成部分。让每一位集体成员都参与其中，反映其共同的愿望，呈现自己的风格。同时在树品牌的过程中，不断提升师生的人文底蕴，实现班级管理的养育功能。

18. 校园文化建设实施方案

校园文化是学校教育的重要组成部分，是全面育人不可缺少的重要环节，是展现校长教育理念，彰显学校办学特色，提高学校品位的重要平台，也是学校德育体系中亟待加强的重要方面。全面推动学生、教师和学校三位一体的和谐发展，全面推进素质教育，全面提高教育质量，可以采用下面的规划和实施方案。

指导思想

以全面贯彻教育方针和全面提高教育质量为宗旨，以全面实施素质教育、培养学生创新能力和社会实践能力为具体目标，坚持校园文化建设与基础教育课程改革相结合、与学校德育工作相结合、与培养学生良好的行为习惯相结合，突出"爱校、立德、笃学、志远"的办学理念，强化"三风"建设，为学生的发展、教师的发展和学校的发展创造优良的人文环境，使学校成为师生身心愉悦、情感陶冶的成长乐园，从而形成能够充分展示学校个性魅力和办学特色的校园文化。

遵循原则

（1）教育性原则。

高度重视学校的教育功能，重视教育对学生、对教师的成长、发展所起的积极作用，校园文化的出发点和落脚点就是要为培养社会主义"四有"新人服务。把体现学校教育的本质和培养学校的合格人才作为校园文化建设的主攻方向。

（2）整体性原则。

校园文化建设是一个系统工程，具有层次性、具体性、全面性等特点，所以要遵循教育规律，整体规划、分步实施，要统筹兼顾、全员参与、持之以恒。

（3）个性化原则。

既要体现民族特征和时代精神，又要体现学校的办学理念和历史文化，因校制宜，形成自己的特色。

（4）实践性原则。

校园文化重在建设，重在实践，要开展符合学生特点、引导学生全面成才、形式喜闻乐见、学生参与性强、身受广大学生喜爱和支持的校园文化活动。

（5）参与性原则。

校园文化建设的过程就是教育的过程，注意发挥学校、班级、教师、学生、家长及社区各方面的积极性，通过活动，逐步形成规范、和谐的校风，科学务实的教风，兴趣浓厚的学风，进取向上的班风。

(6) 创新性原则。

校园文化具有发展性、动态性等特点，所以要与时俱进，坚持弘扬时代主旋律，体现发展主题，培育时代精神。同时要主动变革，积极迎接挑战，促进校园文化与社会文化互动，在互动中重建，在互动中不断生成、发展学校文化。

具体措施

(1) 成立校园文化建设领导小组，明确领导小组人员职责。

(2) 成立校园文化建设委员会，由学校具有专门特长的教师参加。

(3) 确立校园文化建设具体内容。

主要内容

(1) 建设学校深层文化。

学校文化建设是一所学校师生精神风貌和思想素质、修养的内在及外显表现，是一所学校高层次办学的体现，深刻挖掘学校的文化内涵，确立学校的文化建设以及校训，围绕"爱国爱校、爱岗敬业、宽容协作、勤奋进取、明礼诚信"20个字为主体来开展。其具体含义是：

①爱国爱校热爱祖国，要有爱国之情与报国之志，要热爱祖国的一切物质财富和精神财富，增强民族自尊心、自信心和自豪感。树立"振兴中华"的雄心之志，"从我现在做起，从我做起，从小事做起"，把自己的一切与祖国的命运联系在一起，为培育和弘扬民族精神而努力! 热爱学校，就是要秉承校训的精神，继承学校的光荣传统，树立"校兴我荣，校衰我耻"的观念。

②爱岗敬业教师要树立正确的教育观、人才观、质量观，逐步形成以"爱生"和"敬业"为核心的师德规范。教师要对学生身心发展和社会未来高度负责，严谨治教，为人师表。教师要认识到既有教的义务，又有自我学习的责任，把学校当作是自己和学生共同学习的场

所，要全身心的投入到自己的工作、自己从事的事业当中去。

③宽容协作具有包容他人、宽恕他人之心，严以律己、宽以待人，不同他人斤斤计较，让他人有改错归正的机会；有团队精神和集体荣誉感，善于沟通交流、团结协作，不心存排斥他人、嫉妒他人之心，善于取众人之长来战胜困难、博取胜利。

④勤奋进取"天才是一分天分＋九十九分汗水而来"，勤奋是成功的基础，是传统的美德，只有专心于学习，认认真真，努力干好一件事情，不怕吃苦，踏实工作，才能不断进步，获得成功；上进心是成功的内在动力，"好好学习，天天向上"这个响亮口号呼唤进取，进取是社会发展的不竭源泉，只有奋发向上，才能学业有成、校业发展、国家发达。

⑤明礼诚信时刻谨记"老吾老以及人之老，幼吾幼以及人之幼。"学会尊敬老师、长辈，不顶撞、不忤逆，有理有节，文明待人；尊重同学、朋友，不粗言野语、不侮辱、调戏他人、不打架斗殴，慎言慎行、礼貌待人；爱护幼小、躬亲示范、互尊互爱。尊重他人等于尊重自己，互相尊重，人际关系融洽和谐。

（2）创设校园文化氛围。

①营造健康优美的校园文化环境设计和规划校园硬件环境建设，制订学校年总体规划，整体规划好学校的文化环境，让校园充满教育性、体现文化特质。

从净化、绿化、美化入手整治校容校貌，按学校规划分批完成学校的净化、绿化，使校园环境达到花园式学校的要求。

创设各种文化设施，开辟阅报栏、宣传栏、黑板报、图书室、阅览室等思想、文化教育阵地。及时展出学生书画作品，开辟外语角，组织文学社，创办校报校刊等，使学生随时随地受到感染和熏陶。

建成完善的校园广播系统，成立小记者团，利用学校广播及时播发校园新闻和优秀事迹。在学校主要部位悬挂名人字画，展示学校的校训和教书育人理念，提升校园文化层次。加强学校网站、专题网站建设，通过网络加强师生文化教育，提高文化修养。

②组织丰富多彩的校园文化生活积极开展各种健康有意义的课外文化活动，占领学生的业余生活阵地。各班要利用班团会，经常组织学生开展各种小型的文化娱乐活动，活跃学生的课余文化生活；学生会、团委要发挥职能，以广大学生爱好、兴趣为纽带，增设让全校学生自主参与的活动，丰富第二课堂。

学校每年要举办一次以上全校性的大型文体活动，倡导学生参加，使广大学生的艺术素质得到普遍提高，引导校园文化向健康高雅的方向发展。

建设良好的校风。要结合本校实际，弘扬校风，形成自己的特色，引导学生养成文明、守纪、勤学、上进的良好思想品德和行为习惯。

（3）开展校园文化教育。

①运用学生喜闻乐见的形式进行教育组织学生观看爱国主义教育片或优秀影视片；利用各种纪念日，组织开展读书宣传活动；每年组织新生开展入学教育，进行新团员宣誓；举办各种知识竞赛或演讲会等活动，使学生从中受到直观熏陶和潜移默化的教育。

②抓好学生日常行为规范教育和法制教育制定规章制度，建立健全学生行为评价和反馈体系，不断促进学生行为的养成；开展评选先进团支部、团小组、先进班集体等争先创优活动，用先进激励学生健康发展；注重法制教育，开设法律教育课，增强学生法律意识、法制观念；开展学生值周活动，建立学生行为监督小组，增强学生自我教育、自我管理、自我服务、自我约束能力，从而养成自觉遵法守纪的良好行为。

③开展班级形象设计、功能室美化等活动浓厚学校文化氛围。

第三章

学校公共文化的建设

1. 公共文化管理的意义

从观念形态看，公共关系是一种管理思想，其中心点是任何组织都不要以自我利益为中心，只顾自我发展和眼前利益，而要把公众利益放在首位，优先发展。只有当组织的活动满足公众利益的需要，才能建立起良好的声誉，获得社会的理解和支持，才能为本组织的生存和发展创造有利的环境，奠定坚实的基础。

从实践形态看，公共关系是一种管理职能。由于社会化的发展，组织间的依存显得非常重要，组织的对外联系、沟通，促进友善关系是组织管理的重要职责。在组织内部，组织成员的民主意识日益提高，希望参与管理，以维护自身利益和促进组织的发展，领导与组织成员之间的联系是一项经常性的管理活动。据此，国际公共关系协会将公共关系定义为：一项经营管理的功能，属于一种经常性与计划性的工作，不论公私机构或组织，均通过它来保持与其相关的公众之间的了解、同情和支持，也就是审度公众的意见，使本机构的政策和措施与之配合，再运用有计划的大量资料，争取建设性合作，而获得共同利益。

概括来说，公共关系就是以社会组织为主体、以各类公众为客体、以传播为手段的管理活动，它在社会组织和其他各类公众之间形成双向交流，使双方达到相互适应、相互合作的目的。

学校公共关系是在借鉴一般公共关系的理论和实践经验的基础上发展起来的，是指学校运用各种传播手段，谋求内外公众的信赖、理解、合作、支持，从而最终有利于实现学校的教育目标的管理活动。

学校公共关系是学校与其内部和外部公众之间有计划、有系统地双向沟通的过程。学校公共关系的主体就是学校本身，它活动的全部目的在于激发公众对学校角色及目标的更好理解并努力完成学校任务。学校是育人的场所，它的存在就是为了多出人才，出好人才，实现国家的教育目标。学校的性质、目标决定了学校的公共关系必须以教育人为最终目标。学校公共关系争取内外公众的支持、合作，树立良好学校形象，提高学校的声誉，获得公众的人力、物力、财力等方面的支持，这些局部的、短期的目标，最后的落脚点只能是有利于尽快培养出更好的、全面发展的合格人才，学校公共关系的价值评判标准只能是这一点，这也是学校公共关系的最主要的特殊性所在。由此，我们得出了学校公共关系管理的意义：学校公共关系是借助公共关系宣传自己，树立自身良好形象，得到社会、组织和个人的理解、配合、支持，以便提供质量更高、效果更好的教育服务，满足人们求知、求能的需要，使人的身心得到和谐发展。学校开展的公关活动虽然在某些时候或个别活动中是出于盈利目的，但这种公关活动在学校公共关系中不占主要地位，不能代表学校公共关系的方向，所以，学校公共关系具有非盈利性特点。

2. 公共文化管理的对象

组织发展公共关系的工作对象只有一个，那就是公众。公众的定义是这样的，是指与一个社会组织发生直接或间接联系，对该组织的生存和发展具有现实或潜在的影响力的个人、群体和社会团体。学校公共关系的对象就是学校公众，即是指那些与学校有利益关系、相互联系、相互影响的个人、群体、组织。

学校的公众，可以根据不同需要，从学校不同时期的公共关系目标出发，从当时当地的客观条件出发，按不同的标准来分类，比如，按人口学分类；按性别、职业、教育程度分类；按公众对组织的不同态度分类等等。下面是几种常见的分类：

内部公众和外部公众

这种划分的依据是看公众与学校之间有无归属关系，有则为内部公众，反之则为外部公众。内部公众是学校的组成部分，主要包括教职员工、学生。教职员工的家属虽与学校没有直接的从属关系，但通过他们的家属与学校形成一种特殊归属关系，是学校的"后院"、"大后方"，他们可以起到稳定或凝聚军心的作用，学校的兴衰也直接影响到他们的切身利益，所以，一般将教职员工的家属也列入内部公众之列。校董事会也属于内部公众。

外部公众包括上级政府领导部门、当地政府职能部门、与学校有协作关系的单位、学生家长、校友、有关学校、当地新闻系统等等。

首要公众、次要公众和边缘公众

这种划分的依据很明显，那就是看公众对学校的重要程度，依次划分为首要公众，次要公众和边缘公众。首要公众是对组织的生存、发展具有重要影响及决定性作用的公众，是组织公共关系的重点对象。学校的首要公众主要包括学生、教职员工、上级领导机关等。次要公众是对学校的生存、发展具有一定的影响力，但不是起决定性作用的公众。学校的次要公众与学校联系频率较低，作用力也较小。边缘公众则是偶尔发生联系而作用很小的那部分公众。需要指出的是，首要公众、次要公众和边缘公众的划分是相对的，在不同时间和不同的问题上，首要公众、次要公众和边缘公众是可能相互转换的。

非公众、潜在公众和现在公众

公众的发展一般有这样一个过程：当组织的行为对公众产生了某种后果时，这种后果就会导致公众与组织之间的关系发生由疏到密的变化，依照这一过程，可以把公众分为非公众、潜在公众和现在公众。

非公众是指在学校的视野中，在一定的时空条件下，既不受学校行为的影响，也不作用于学校的个人、群体和组织。学校正确找出非公众，将其排除在公共关系的工作范围之外，可以减少公共关系的盲目性。

潜在公众是指那些将来有可能和学校发生这种、那种联系的个人、群体和组织。这些个人、群体和组织已面临着由学校行为引起的共同问题，他们虽然有些还未意识到这种问题的存在，有些已意识到自己与学校面临的共同问题，已对问题产生的缘由、解决方法、今后发展趋势等相关方面的信息产生兴趣，只是并未采取行动寻求问题的解决，但他们以后必定要与学校发生联系。学校公共关系中发现潜在公众，进行分析和预测，并以积极的态度、正确的方法对待他们，可增强公共关系工作的战略效果。

现在公众是指已与学校发生联系并发挥作用与影响的公众。学校与他们之间的关系比较明确，互相作用的方式也有一定的格局，是学校公共关系工作应经常注意的对象。

同样，非公众、潜在公众和现在公众的划分是相对的，随着情况的变化，非公众、潜在公众和现在公众是可以相互转化的。学校应根据利益关系，促成或改变他们，维护学校的利益。

3. 公共文化管理的原则

学校公共关系管理是一项涉及人多、彼此有利益关系、工作环节繁多、方法多样的活动，但无论关系怎样复杂，方法怎样多样，有一些基本原则是必须遵守的，如下：

双向沟通原则

双向沟通原则是促进学校和公众相互了解、相互支持的一个有效手段。既重视信息的输出，使公众了解学校的真实情况，又重视信息的反馈，使学校也能准确掌握公众的情况，以双向信息交流方式来开展学校公共关系。

学校公共关系坚持双向沟通原则，既要在学校外部公众之间建立起双向沟通的网络，即一方面利用各种媒介对外传播，使外界认识自己、了解自己、支持自己，另一方面又必须吸取外部公众的意见、建议、信息，将它反馈给学校的决策层，作为调整、改善自己的依据，又要注重对内部公众的双向交流，即校长可以向教职员工、学生下达指示，传递信息，也允许下属向上反映情况、问题、意见，并要多方收集教职员工、学生的反映，积极听取他们的意见，这样就能使校内与校外、校领导与下属间相互认同、相互理解和支持，从而形成良好的公共关系，有利于学校工作的开展。

互利互惠原则

在公共关系中，公关主体、公众的行为都是受一定的利益驱动的，没有光是付出或光是得到的单向活动。学校公共关系不仅要维护自身的利益，也要维护公众的利益，这就是互利互惠原则。没有互利互惠，就没有真正意义上的公共关系。

学校公共关系坚持互利互惠原则。一要以社会利益为本，注重社会整体利益。这是说学校在开展活动，追求"自我利益"时要以社会利益为本，把社会利益摆在优先位置。即使学校的教育符合社会主义办学方向，为社会发展服务。离开了社会整体利益这个根本而追求学校局部利益，不仅会偏离正确的教育方向，损害社会公众利益，而且还要损害学校的长远利益。二要以公众利益为第一出发点。学校公众是学校的生命，是学校生存、发展的源泉，学校的任何行为应首先考虑是否符合公众的需要，是否能帮助公众解决实际问题，是否会损害他们的利益。只要符合公众的利益，有利于人才培养的根本目标，即使有些行为、活动暂时对学校不利，学校也应坚持。三要积极回报社会。学校公共关系不能只强调公众对学校的同情、理解、支持、支援，而必须积极主动回报社会。即可以充分利用知识、人才、设备等优势，为公众多办点实事，做些好事，尽量主动满足公众的需要，这样可保持学校在社会的长久生命力，争取到社会的长期支持，从学校对公众的"利他行为"转化为公众对己的"利他行为"，从而最终取得利己效果。

诚实守信原则

学校与公众建立良好的关系，要靠平日的积累，不可能一蹴而就。公共关系的魅力就在于以事实为基础，从小事做起。因为良好的公共关系的基础是当事者双方的相互信任，而这种信任的关系要在真诚互助的交往过程中才能建立起来。因此，开展公关工作一定要至诚待人，诚实守信。

学校公共关系坚持诚实守信原则，要求学校公关人员要为人师表不要言而无信、欺骗公众；对事实材料要客观真实地公开，不能故弄玄虚；要敢于正视学校的缺点、不足；认真对待公众的批评、意见，并针对不足加以改进，要让公众体会到学校的诚意；对公众的许诺要坚决兑现，要取信于公众；不要做"一锤子买卖"，给公众留下一个奸商的形象，公共关系是一项持久的工作，"见好就收""投机行为"只会因小失大，丢了芝麻捡西瓜，得不偿失。

人人有责原则

公共关系涉及的人多、事多、环节多，是团体性的工作，团体中的每一个人都不可避免地处在一定的公共关系中。学校的每项工作和每个人的表现都在不同程度上关系到组织的形象。虽然一些较为重要的活动举办得好坏与否会使人们对学校形成一定的印象，但人们对学校工作的整体评价和印象是在全体师生员工共同做出持续努力的项目（如学习成绩、教育质量、道德风尚等）上获得的。因此，学校公共关系不仅是几位领导或公共关系人员的事，它需要全体教职员工和学生共同努力，共同创造学校的良好形象。

学校公共关系坚持人人有责原则，就必须调动广大教师的公关积极性，培养学生良好的公关意识，使学校的每一个成员都意识到自己有公关的义务。但由于公关工作是一项艺术性、科学性、专业性都很强的工作，要求人人公关并不是要求学校的每一个人都成为公关人才，而是要求他们认识到自己是学校中的一员，在与外界交往时，处在与外部公众联系的第一线，要注意自己的言行举止给学校带来的影响，在适当的时机，尽己所能为学校做一些公关活动，为学校树立一些美好形象。

4. 学校公共文化的目标

学校公共关系的目标是学校一切公共关系活动的中心和方向，也是学校公共关系活动所需要达到的目的和结果。一般来说，它在学校公共关系工作中起着重要的指导和激励作用。学校作为一个集体，必然有着一个共同的奋斗目标，它是指把全体学生培养成什么人的问题。它是出发点和归宿，需要全体师生共同参与的教育活动来实现。公共关系活动作为学校管理的一种，其目标则是指在公众中树立什么样的学校形象的问题。它作用于公众并需要通过公共关系活动来实现，显而易见，它在实现学校的共同奋斗目标过程中，起的是一个非常重要的促进和保证作用。

学校公共关系的活动多种多样，其目标也不尽相同。依据管理学的一般原理，公共关系目标可以从不同的角度，划分为不同的类别。从时间上看，可分为长期的、中期的和短期的目标，指的是根据学校发展规划而制订的不同时期的各种目标；从发挥作用的范围来看，可分为内部公众目标和外部公众目标，它是指对不同的公共关系对象所制定的不同目标，具有很强的针对性；从内容上看，可分为传播信息、联络感情、改变态度、引进行为等目标；从性质上看，可分为建设型、维系型、矫正型和进攻型目标。具体地说，一个学校初建时，为树立良好的学校形象而制订的目标，属于建设型目标。在学校稳定发展时，为稳定维系学校与公共关系对象之间的良好互动关系而要达到的目标，属于维系型目标。为挽回受到一定损害时的学校良好形象而采取措施、改善自身形象而要达到的目标则属于矫正型目标。进攻型目标则是指与外部公众发生冲突或有利于学校发展时，学校公共关系活动人员采取主动措施，为创造一个新的局面而所要达到的目标。

5. 学校公共文化的目的

什么是公共关系的目的？学校公共关系的主要目的在于结合学校与社会的力量，以充分发挥相辅相成的效果，并赢取社会对学校的信任与支持。推进学校公共关系的重要目的，它包括如下方面的内容：

（1）告知社会学校的所作所为；

（2）建立并维持社会对学校的信赖感；

（3）争取社会对教育计划的支持；

（4）唤起社会对教育的重视；

（5）改善家长和教师合作关系，提高学生学习效果；

（6）结合家庭、学校、社区的力量，为学生提供最佳的教育机会；

（7）评估学校所提供的教育与学生需要之相符程度；

（8）误会的澄清。

6. 学校公共文化管理的任务

学校公共关系是学校组织与其目标公众结成的社会关系，包括学校与教职员工，与学生的关系，与家长的关系，与社区的关系，与特殊公众的关系，与媒体的关系，与政府的关系，与国际的关系等等。

公共关系管理是对组织与社会公众之间传播沟通的目标、资源、对象、手段、过程和效果等基本要素的管理。这种管理同样包括一般管理的基本环节，也就是对组织的公众传播沟通活动进行决策、计划、组织、指挥、控制、协调和监督等。

公共关系是一个组织为创造良好的生存环境、发展环境，通过一系列有目的、有计划、持续的传播沟通工作，与其特定的公众对象建立起来的一种和谐的社会关系。

公共关系管理是一个组织机构从事公众信息传播、关系协调与形象管理事务的一种艺术和科学，它是涉及调查、策划、实施和评估的一种实践活动。

7. 学校重视公共文化的必要性

在社会主义市场经济体制逐步建立和不断完善的过程中，政府的社会管理和公共服务职能更加突出，因而更加重视公共关系的建设。学校作为一个与公众息息相关的事业单位，重视公共关系，这对建设和谐校园和教育的健康发展有着十分重要的现实意义。

是学校自身建设和发展的需要

学校无论硬件建设还是软件建设，都需要得到自己工作对象的支持。学校要建设一支高水平的师资队伍，要营造一个高质量的校园环境，要培养一个高素质的学生群体，必然需要得到方方面面的支持和帮助。学校需要正面的评价，但这种评价不能仅限于学校的自我评价。当前，对学校评价的发展趋势日益表现为评价社会化，所谓"金杯银杯不如老百姓的口碑"，说的就是这个道理。因此，在某种意义上来说，重视公共关系与否，是学校自身建设和发展的一项重要的衡量标准。

是公共关系的特征所致

公共关系有三个重要的特征。一是目标特征，即追求正面的良好的组织形象。二是原则特征，讲求互惠原则。公共关系是有利益诉求的，它不同于慈善事业不求回报，也不同于市场营销，市场营销注重经济效益，追求高利润，公共关系注重社会效益，追求好形象。三是方法特征，注重双向沟通。学校要和相应的工作对象保持正常的有效的沟通渠道。家长和社会有知情权，学校有告知的责任和义务。要通过增进彼此的了解来增强理解和信任，营造和谐友好的发展关系和氛围。

家长和社会要求学校重视公共关系

一所学校，要建设成为让家长放心、学生高兴、社会满意的育人场所，必须外树形象，内强素质。这就要求学校应尽力掌握好公众对学校的意见、建议与要求，不断改进学校的工作，以树立正面的良好形象。

学校教书育人的职责要求重视公共关系

公共关系的职能，体现在形象监测、形象塑造、形象传播、关系协调以及教育培训和决策咨询等方面。学校形象，简而言之就是公众对学校的印象或评价。学校通过形象监测和形象塑造，设计、塑造、校正、推广学校自身的良好形象，对正在长身体学知识、人生观世界观正逐步形成的青少年学生，将起到"润物细无声"这种潜移默化的作用。无论是学校这一个组织，还是学校这个组织中的每一个个体，都要十分重视和珍惜自身正面形象的塑造和校正。要通过形象传播，主动告之公众，扩大正面影响，为学生的健康成长创造和谐的有益的校园环境，为学生的个性发展奠定良好的基础。

教育资源配置方式的变化决定

教育资源配置方式的变化决定学校要重视公共关系。在计划经济时代，教育资源配置是单一的。随着我国社会主义市场经济体制的建立，经济主体日益多样化，利益诉求则表现为多元化，教育资源配置方式也开始走向多元化。因而学校在教育资源配置方式变化中，必然要重视公共关系，以期在现代教育发展中，力求实现教育资源的良性配置和优化配置。

当今，家长对后代教育的重视程度越来越高，期望值越来越大，学校与公众的关系也越来越密切。学校要适应社会发展，重视公共关系建设已成必然要求。

8. 学校内部的公共文化

学校内部公共关系主要指学校对其组织成员的公共关系，包括教职员工、学生等。学校的组织成员对学校的发展具有至关重要的作用，学校对内部公共关系要加以重视。

对教职员工的公共关系

学校的一切工作都要靠教职员工的辛勤劳动来完成，教职员工在某种程度上决定着学校教育质量的高低、教育教学效果的好坏。他们既是学校教育教学工作的中心人物，又是开展对外公共关系的依靠力量。创设和谐的学校内部关系，才能更好地调动教职员工的积极性，进而通过他们搞好对学生和对外部的公共关系。对教职员工的公共关系要着眼于以下几个方面。

（1）搞好学校中非正式团体的关系。

非正式团体在学校中是客观存在的，也是正常的，学校领导对其应有正确认识，不能对其置之不理。有的非正式团体与学校目标相抵触，有的则有利于学校目标的实现，学校应区别对待。要将其可能产生的积极作用发挥出来，要尽量减少其消极作用。非正式团体中往往有一些作为代言人并敢于挺身而出的"意见领袖"，他们在非正式团体中有较大影响，学校领导要与这些人保持联系，要尊重他们，在一些重要问题上要诚恳地听取他们的意见，并要求他们配合做好工作。

（2）关心教职员工生活。

教职员工除了有较高的精神需求外，也有物质上的需求。伴随着我国全面建设小康社会的步伐，教职员工物质上的需求份额会越来越大。学校领导在对这些物质需要进行正确引导的同时，要力所能及地解决好工资收入和福利待遇问题，要把教职员工的冷暖时刻放在心上，使教职员工感到自己在被关心、被体贴。

（3）及时通报情况。

教职员工对学校工作非常关心，一般都有希望了解学校发展情况和现状的要求。如果情况不能及时得到沟通，就可能产生一些猜测，以致出现一些给学校带来混乱的小道消息。学校要抑制那些产生混乱的小道消息，就应经常向教职员工通报情况。学校的校长室、办公室、教务处、总务处等管理部门应通过开会、墙报、报刊、内部通讯、员工手册、海报、财务报告等传播媒介及时地、真实地向教职员工通报学校的现状、政策宗旨、措施决定等内容，尽量地做到校务公开，而且让教职员工充分发表对学校的意见、看法，做到与教职员工双向沟通。

（4）借助各种活动，培养教职员工的归属感。

归属感是指组织成员对组织目标的认同，确认自己是组织的一员，愿为实现组织目标而奋斗的一种心理体验。要做到这一点，可以通过各种活动形成组织气氛，使教职员工感到有必要为实现学校的目标任务、维护学校的传统和声誉而努力。举办活动是开展公共关系的有效途径，通过活动来扩大影响、联络感情是学校搞好对教职员工公共关系的比较理想的方式。如，逢年过节、周年庆典，举办全体成员聚会、舞会等文体活动以联络感情；参加一些社会活动和各种文化比赛、学科竞赛、公益劳动，让教职员工以学校主人的身份领导、参加这些活动，发挥教职员工的聪明才智，引导他们参与学校管理，以增强其主人翁意识；通过校史展览和成就展览，通过新闻媒介的广告、新闻和学生的口头义务广告加以宣传，扩大学校的知名度和美誉度，等等，以增强教职员工的自豪感、归属感。

对学生的公共关系

学生是学校内最庞大的公众群体，搞好对学生的公共关系对学校有着特殊意义。对学生的良好公共关系不仅起着团结学生的作用，而且起着教育学生的作用，它能促进学生对社会的积极理解，也能帮助学生学会与人合作、交往，学会待人接物；同时对学生的良好公共关系也是学校对社区、对学生家长开展公共关系工作最主要、最广泛、最经常的力量。对学生的公共关系主要应注重以下几点：

（1）建立良好的师生关系。

师生关系是在教育教学过程中形成的。良好的师生关系不仅是师生交往的需要，而且它一旦形成就会产生巨大的、无形的教育力量，它可以增强学生对教师的信赖感和对学校的向心力，使学生愿意接受教师传授的知识和价值观念，使教育教学过程带上愉快的色彩。与某一学科教师有良好关系的学生，对该学科的学习兴趣浓，学习主动，学习效果也好。建立良好的师生关系关键在于教师，要求教师有高尚的职业道德，公正对待每一个学生，尊重学生人格，了解和重视他们的要求，平易近人，积极开展正面教育，抓住学生特点因材施教。

（2）尊重学生权利。

学生是学校的主人，是自我教育的主体，他们有自己的思想、行为和权利。学生的主要权利有：在教师指导下，自主组织活动的权利；参与学校一些学习和生活制度管理的权利；对学校的教育教学、后勤、图书资料管理等提出意见的权利，等等。学生将这些权利看得很神圣，迫切需要教师尊重他们。尊重他们的权利，会促进他们对学校工作的理解、认同、尊重，使他们能尊重教师的劳动，增强他们的独立性，提高他们自我教育的积极性。

（3）培养学生的公关才能。

随着社会的发展，公共关系已深入到各行各业，对组织、个人的发展有着越来越重要的影响。学校作为培养人、教育人的组织，理所当然应有计划、有目的地培养学生的公关才能。学生具备一定的公关能力，不仅有助于学生与教师、与学生之间建立良好的公共关系，而且是学校对外公共关系的力量。学生是学校数量最大的内部公众，与外界有着非常广泛的联系，学生具备一定的公关能力，只要学生有爱校情感，他们就会主动向社会、家长、校友宣传学校的成就、发展现状，就会自觉维护学校声誉和形象，从而不断扩大学校影响。

9. 学校外部的公共文化

学校与外部的关系千丝万缕，随着改革开放的发展，学校的开放程度也越来越高，与外部的联系也越来越多，越来越紧密，学校发展受外界影响越来越大。在现代社会，尽管有些学校有其独特之处，有其可以孤芳自赏的地方，但绝无可能与外界隔开，自觉主动地加强对外公共关系是学校管理的重要内容。学校外部公众具有层次多、范围广的特点，学校开展对外公众的公共关系，应着重注意对家长的关系、社区的关系、校友的关系、上级政府和教育主管部门的关系及学校之间的关系等。

对家长的公共关系

对家长的关系是学校外部公共关系的一个重要方面，对于任何学校来说，家长都是最直接、最敏感，也是最有影响的外部公众。家长在与学校的关系中至少扮演着这样的角色：是学校的客户；是学校教育工作的合作者；是学校工作的评价者和学校声誉的传播者；是学校资源的提供者或中间人等。家长通过学生与学校联系起来，对学校的发展自然非常关心，对学校的教育、教学、管理等信息也很感兴趣。做好家长的工作，学校工作就获得了有力的支持者和同盟军。对家长的公共关系要取得成效，应注意以下方面：

（1）搞好内部管理，提高教育教学质量。

不断提高学校的教育教学质量，把学生培养成合格的人才，是搞好学校和家长关系的前提和基础。家长送孩子上学的第一愿望是希望孩子学习成绩好，品行端正，将来有较好的前途。学校要关心、爱护学生，强化内部管理，尽最大努力让学生学有所成，不断满足家长对培养孩子的要求。

（2）与家长加强联系。

外部对学校的评价，一般总是来源于学生家长的感受。家长是学生的第一任老师，家长对学生的管理水平和教育方法，直接影响学校对学生的教育教学效果，家长对学校、对教师的态度和评价，又直接影响到学生对学校、对教师的态度和感情，影响学校整体的形象。家长对学校的尊重和支持，有助于提高学校在社会公众心目中的地位和威信，有助于学校教育教学质量的提高。学校应通过各种渠道与家长进行经常的、坦率的交流和沟通。一般情况下，家长对自己孩子的成长、前途都非常关心，他们也有与学校联络、沟通的需要。当然，家长与学校联系的出发点是为了自己孩子的健康成长。学校应从满足家长这一需要着手，引导家长参与学校的教育活动和管理工作，主动宣传学校的目标、计划、取得的成就以及存在的困难，让家长了解学校，向他们宣讲教育科学知识，指导他们配合学校搞好子女的教育工作，使他们由被动的客体转变成学校工作积极主动的参与者。学校可通过召开家长会、建立学校或班级家长委员会、举办家长学校、进行家访、开展家庭教育咨询等活动，与广大家长加强联系，增进相互了解，建立感情，从而实现公关目标。

（3）正确对待与家长的矛盾。

学校管理应严格按照规章制度进行，学校的教育教学活动要遵循教育方针、教育教学规律，集资、学费及其他杂费应按照有关文件规定收取。学校要从严格要求自身出发，处理与家长的矛盾和问题，尤其要注意处理好与家长的经济关系问题。只要学校按要求努力工作，严于律己，就可以减少与家长的矛盾，即使产生一些矛盾，也容易妥善处理。

对社区的公共关系

社区是一个社会学的概念，有广义和狭义之分。这里所讲的社区是就其广义而言的，是指大社区，即聚集在一定地域中的社会群体、社会组织所形成的一种生活上相互关联的社会体系。任何一个社会实体单位都处于两个体系，即行业体系和社区体系之中。学校属于社会的教育组织体系，与所在社区里的各种组织有机结合，组成社区体系。学校公共关系中所说的社区关系，是指学校与周围同处这个地域的社会团体和其他组织及个人之间的睦邻关系。学校所在地的机关、企业、商业、服务业、居民组织、医疗卫生、公安、交通等单位都是社区公众。这些公众构成了学校赖以正常运转的直接的外部环境。学校的师生、学生家长往往就是社区的居民，因而实际上社区就是学校内外公众的交汇处。

良好的社区关系，是学校生存和运转的基本条件之一。社区为学校提供生源，提供食、住、活动的条件，所以是学校工作的监督者，学校管理工作的好坏，学生质量的优劣，社区领导和群众都会明断。对社区的依附性可以说是学校发展的一条规律。同样，作为社区的一员，学校的发展又能促进社区的进步，两者是相互依存的。学校对社区公共关系的基本目的是树立模范居民和模范单位的良好形象，发挥对社区的积极作用，争取与社区领导和群众融洽相处，同时获得必要的支持。学校对社区的公共关系要注重以下几点：

（1）积极参与社区精神文明建设。

学校是专门育人的场所，学校的教育代表了社会的要求，相对于社会来说，师生员工的思想作风、精神面貌更受人称道。所以，学校要努力抓好校风、学风建设，开展经常性的精神文明建设活动，模范遵守社区的规章制度，维护社区治安和环境卫生，积极参加社区的公益活动，影响、改变社区的精神风貌，为社区的精神文明建设做出自己独有的贡献。

（2）促进社区经济繁荣。

学校应根据自身特点，发挥文化优势，积极为社区的经济建设和其他建设服务，努力培养当地经济建设所需各类人才；发挥学校人才优势，为街道、乡镇企业的产品开发、销售出谋划策；学校还可发展校办企业，直接促进社区的经济繁荣。

（3）争取社区支持。

学校在为社区服务的同时，还要主动争取社区的支持，要经常走出去，向社区公众介绍学校情况，同时也可把他们请进来参与和指导学校活动，让他们了解学校的期望和要求，支持学校的教育教学改革，帮助学校改善办学环境和条件，促进学校全面提高教育质量。

对政府的公共关系

政府是一个广义的概念，它有不同的层次，如中央政府和各级地方政府；还有不同的职能类型，如工商管理、土地管理、司法、税务等。这里所说的政府，是就其作为国家权力执行机构的一般属性而言的，主要是指作为政府的综合职能部门以及专司主管教育职能的教育行政部门。在我国的学校教育体系中，政府教育部门充当着十分重要的角色。首先，政府教育部门是学校的调节器。无论从政策和法律的制定与执行上，还是对学校发展规模和方向的管理上，它们都是从事某种协调、指导和规范的巨大的调节器。这种指导、调节和约束的作用不仅体现在公立学校、国立学校身上，而且也体现在私立学校以及其他形式的学校身上。其次，政府教育部门是学校经费的主要来源。尽管这些年政府鼓励多种形式办学，但公立学校仍然是我国各级、各类学校的主体；尽管政府倡导多渠道筹措办学经费，但政府仍然是教育经费的主要支出者和管理者。政府可以通过经济手段直接或间接地对学校施加影响，进行宏观方面的调控。再次，政府教育部门还是学校其他物质资料的保障者和供应者，同时也是学校人事、招生、分配的主渠道。

总之，在我国现阶段，政府教育部门对学校的影响和作用是十分巨大的。虽然自 20 世纪 80 年代开始，我国的教育行政体制几经革新而多有变化，但总的思路仍然是：根据当前世界范围内教育行政体制改革的潮流和我国国情，遵循集权与分权相结合的原则，宏观上放开，微观上搞活，进行权力和责任的再分配与再调整，政府管政府的事，学校管学校的事，调动两个积极性，进一步增强政府的政治领导和宏观调控能力，强化而不是削弱政府对学校的权威和领导。因此，无论哪一级学校，都要搞好与政府教育主管部门和主管机构的关系。

学校与政府教育主管部门是上下级的、领导与被领导的关系，学校在行政上受上级的领导，在业务上受上级的监督、检查。政府教育部门运用政策、法规、信息等手段从宏观上调控学校。作为下级，学校只有得到政府教育部门的支持，赢得上级的理解、信任，才有望获得更大的发展空间。所以，学校应采取切实的公关手段和措施沟通、协调这种关系，使之随时掌握学校教育活动的情况，及时给予指导和帮助。学校在对政府的公共关系中应注意做到以下几点：

（1）要采取主动合作的态度。

学校在宏观上自觉接受政府教育部门的指导和管理，恪守政府的有关政策和法令。学校即使有较大的自主权，校长有人事权、财经权、决策权，但对上级的指示、决定要认真领会、执行，尊重上级，配合上级人员对学校的检查、监督工作；学校的各项措施、行为应从所在地区政府教育部门全局着眼，多体谅上级的难处，要摒弃小团体思想。

（2）要主动与政府教育部门沟通情况。

学校领导人要充分了解政府机构，特别是教育行政机构的设置、职能结构、工作范围和办事程序等，与教育主管部门的工作人员保持经常性的联系和接触，按照职责范围和办事程序及时向他们报告本校的情况，包括人员变动、重大决策、各项成就、自身不能解决的问题等，提供信息，提出建议，并通过自身的活动影响政府决策，或通过与一些人大代表、社会贤达、社会名流、专家学者等权威人士的接触、交往，由他们去影响政府，争取政府支持。

（3）加强与政府主管人士之间的联系。

与政府教育部门的良好的关系，往往始于良好的人际关系，其中最主要的又往往是学校主要领导人与政府主管人士之间的关系。学校领导应加强与主管领导的联系，要充分利用学校的重大活动，如开学典礼、毕业典礼、校庆、大型体育活动、文艺演出、教学观摩活动、教育科研成果展览等机会邀请政府、教育部门领导参加。通过活动接触，使他们了解学校情况，关心和支持学校工作，同时也增进与学校领导个人之间的情谊和信任。

（4）要塑造良好的社会形象。

学校良好的社会表现，也有助于政府教育部门对其产生好的印象，学校要根据政府的要求，积极制定相应的计划和措施，努力工作，不断发展壮大自己；同时，要热心参与社区事务和社会公益事业，比如积极支持社会福利事业等。开展这些活动，有利于引起政府的关注，有利于政府对学校产生好感，从而为学校发展争取到更好的政策法律保障、社会条件和外部管理环境。

对校友的公共关系

校友是学校独有的一类外部公众，他们从母校毕业后分布在各行各业、天南海北，绝大多数校友对母校怀有深厚的感情，时刻关注母校的发展变化。很多校友，尤其是那些在事业上已取得成就的校友，迫切希望为母校的建设、发展出力。搞好对校友的公共关系无疑对学校的发展具有重要意义。对校友的公共关系，应做好以下几点：

（1）组织举办各种活动。

学校可利用节假日举行各种文体活动、校友座谈、成果报告会等，还可以通过编制校友通讯录，寄送校刊、校报等方式通报情况。这样，就能更好地使学校与校友、校友与校友之间增强联系，加深感情，也使校友看到母校的成绩，增强自豪感。

（2）积极宣传校友的事迹。

学校应注重收集校友的信息，应认真将那些在校表现较好，毕业后成绩突出，知名度较高，为国家、母校做出较大贡献的校友的事迹整理出来，在社会上、校友之间、在校学生之间进行宣传，也可邀请校友中的知名人士、英雄模范、专家学者到学校做报告等。

（3）组织好校庆活动。

校庆是校友返校、共叙旧情、共商学校发展大计的绝好时机，也给广大校友提供了一个报效母校的机会，学校要认真组织，达到搞好关系、振奋人心、争取支援的目的。在校庆组织接待中要以情为重，防止重钱轻情。对校友要真诚接待，要公平对待，不能只欢迎、宣传那些"大款"而忽略其他校友，也不能只向校友伸手索取而对校友的事务、困难不闻不问，要体现出学校对校友的关心和支持，使校友能感受到学校对自己的真情。

对同行的公共关系

所谓同行关系，这里是指学校与学校之间的关系。社会上有这样一种不正确的观念，认为"同行是冤家"，对学校与学校之间的关系往往重视不够，有些甚至采取种种手段贬低对方，抬高自己，有的为了所谓的升学率和各类竞赛名次而不惜相互挖师资、抢生源、弄虚作假、以邻为壑，这些观念和做法都是十分错误的。在我国当代社会，学校与学校之间应该是一种既有竞争、又有协作的伙伴关系，但竞争和协作的根本目的都是为了相互促进、共同发展，而不是相互拆台、阻碍发展。因此，加强校际之间的沟通联系、信息交流以及互相学习、互相支援和互相帮助十分重要。

学校与学校之间的沟通实际上也是社会沟通的一部分，但是它更特别，这是有更多共同语言的沟通，这是可以带来直接借鉴的沟通。一般来讲，学校都有自己的长处和特点，每一个地方都有一些学校，全国各地有千万所学校，蕴藏着无限的教育思想，蕴藏着丰富的学校管理经验。作为学校管理者，应该重视对同行的公共关系。对同行的公共关系重点应解决好这样的几个问题：第一，在思想深处彻底摒弃

"同行就是冤家"的错误观念，树立竞争协作、共同为国家培养合格人才的观念，积极在相近地区的学校、相近类型的学校寻求沟通、交流和合作；第二，客观公正地评价本校、对待他校，要尊重他校，要看到各自条件的不同和起点的差异，学习他校的长处，扬对方之长、取对方之长，抑自己之短、补自己之短，同时积极就某些共同的问题定期进行探讨；第三，要创造自己学校的风格和特色。管理需要有法规、有模式，培养人才也应有一些基本的规格，但是，在一些基本法规下，在一些基本目标和规格下，必须有创造，有个性，有特色。学校是从事心智活动的地方，讲究创造的地方，管理上应该是富有个性、富有特色、富有创造的。所以，学校与其他学校的沟通交流，虚心体会情况，研究情况，借鉴其他学校的经验，模仿他校的模式是重要的，但要注重本校的实际，不能一概模仿、照搬，要善于创造本校的特色，也只有有个性、有创造的学校管理，在跟他校沟通和交流时才更有意义。

对媒介的公共关系

媒介一般是指社会上的新闻机构和工具，主要包括报纸、广播、电视、通讯社等。新闻媒介是学校与社会联系的重要渠道，对宣传学校起着举足轻重的作用。新闻界的公众包括记者、编辑、节目主持人等。这类公众对于学校来说，具有双重意义：一方面，他们是实现公共关系目标的重要媒介；另一方面，他们又是学校必须努力争取的公众，也是一种必须厚待的特殊公众。对于这些公众，学校不能只从利用对方出发，而首先应与他们交朋友，从为帮助对方完成采访任务来考虑，了解他们的职业特点，尊重他们的个性和人格，熟悉与他们交往的原则和方法，及时向他们提供报道线索，提供有价值的新闻素材，配合和协助他们完成宣传任务。只有这样，才能保持与媒介的良好关系，才能不断争取媒介对学校工作的积极支持，从而能更有效地实现学校工作目标。

10. 学校公众文化的管理与领导

学校公共关系是指学校组织与其目标公众结成的社会关系，包括学校内部公众关系和外部公众关系。内部公众关系包括学校与教职员工、学生等的关系；外部公众关系包括学校与家长、社区、特殊公众、媒体、政府、国际等的关系。

学校公共关系管理是对学校内部公众关系和外部公众关系及其相关传播沟通事务的管理。包括公众关系管理、事务管理（学校专题管理、问题管理、机会管理、危机管理等）和学校形象管理。

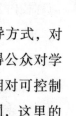

学校公众关系管理指学校组织采用制度管理和人际领导方式，对其内部公众关系和外部公众关系的领导、管理与经营，获得公众对学校的了解、信任和支持，具有日常性、稳定性、密切性和相对可控制性的特点。本文的"公众关系"与"人际关系"意义等同，这里的"学校"是指中小学。

学校内部公众关系有管理

学校内部公众包括校长领导团体、中层干部、教职员工和学生。学校内部公众关系管理即是员工关系和学生关系管理。其中，尤以员工关系为重，其目的是通过开展管理活动和传播、沟通活动，提高学校内部凝聚力，形成全体教职员工的士气和对学校、工作的忠诚感。员工关系是学校公共关系工作的起点，它涉及三个关键词："关系"、"沟通"、"领导"。

"关系"是指学校内部公众关系管理的内容和对象。包括学校组织内部横向和纵向公众关系。纵向公众关系指学校上下级之间的关系，也包括教职员工和学生之间的关系；横向公众关系指各个职能部门、科室之间的关系以及教职员工之间的关系。学校内部人际关系质量影响内部公众的生活质量和心情，影响工作效率和质量。"沟通"是指有效沟通，这是管理公众关系的手段。这种内部互动对话可以描述为两句话：管理者的姿态——"我知道你很重要，所以我要尊重你"；教职员工、学生的姿态——"因为我很重要，所以你应该尊重我"。"领导"是指学校公众关系管理首先在领导层面进行，其次才是管理和经营层面。任何组织的公共关系都是全员的，但是维护一个组织的各种关系说到底应该是高级管理人员的首要责任。

学校内部公众关系管理指学校管理者对教职员工、学生等内部公众关系的人际领导、制度管理和经营，具有重要的人力资源管理价值。简称校内公众关系管理。其管理思路是，学校与全体教职员工、学生之间通过双向沟通方式，在互利互惠原则下寻求并达到和谐一致，形成学校足以抵制外部不良影响的凝聚力。其主要目标是形成士气高昂且有忠诚感的教职工队伍。在此前提下，学校内部公众关系领导和管理的方式是：在现有制度框架下尽可能实践人性化的管理哲学。

校内公众关系的制度沟通

这里从行政管理角度讨论行政管理者与教职员工的有效沟通问题，主要是制度和秩序层面的探讨；也是从沟通媒介运用和沟通方式角度探讨沟通内容和形式。学校行政管理者包括高级管理者如校长、书记、副校长和副书记，中级管理者如各科室、系主任，初级管理者如办事员和干事等。他们组成一个鲜明的管理阶层和队伍，具有行政特征。校长要依靠初级和中级管理者实现校内良好的人际关系。

（1）沟通内容。

学校目标和使命。包括学校的长期目标、近期目标、各项重大决策的内容、人事安排、计划完成情况等。员工管理的首要目标是帮助内部公众理解学校组织的发展方向和使命，随时让他们知道学校的业务脉络、工作思路、发展方向和目标；提供他们熟练地履行工作任务所需信息；鼓励员工维持和提高组织的质量改善标准和责任感；确认其成绩。

学校在竞争中的排序和位置。学校的综合质量评价；教学质量评价；考试在区、县、市、省或当地乃至于全国的排名位置；学校在当地社区中的信誉和声誉；公众对学校的评价。

教学改革情况。学校参与什么级别的教育和教学改革；改革的基本原则、指导思想；改革的具体实践和设计方案；需要教师支持和参与的方面和程度；改革的利害和效果。

先进人物及其贡献。学校中的获奖者是学校组织文化的带头人和榜样，用来诠释学校目前追求的价值观和打造的文化基调。包括教学、科研、育人先进、优秀党务工作者、"三八"红旗手、"五一"奖章获得者、霍应东教学奖和科研奖等。

教职员工新闻。包括教师工作经验交流、文体活动、业务培训、出去开会、职位变动、课堂新闻、工作趣闻等。还可包括教职员工家庭中添丁、死亡、婚嫁、乔迁、生日、员工福利政策等方面的解释。

以上内容的沟通最常用的媒介是出版物、公告牌、小组会议、备忘录；最主要、最有效的媒介是面对面的传播、沟通。

（2）沟通方式。

学校管理者对教职员工需求保持敏感，以各种方式和途径及时沟通信息。

会议沟通形式。介绍两种常用的会议形式。

一对一的讨论会（［美］唐. 培根、唐纳德. R. 格莱叶著，周海涛译，学校与社区关系）。让教职员工了解学校和教育行政部门的意图，了解员工选择工作的需要和动机是什么。做法是：员工列出对自己完成工作而言最重要的是什么；管理者认为员工完成分配的工作最重要的是什么；比较不同，分析员工价值与学校价值是否吻合。

一三六研讨小组。形式是：由教职员工组成小组，每三人一组。每个员工列出自己对学校喜欢和关注的事情，与同组中的另外两人碰头，整合三人意见，并列表。三个人再加入另外一个三人小组，整合六人意见，并列表。协调人列出所有收集上来的喜好和关注，然后由员工投票表决，列出位于前十位的问题，并提出消除忧虑和维持学校力量的策略——每个员工都有机会发表意见，感觉到自己是学校发展得更好的一分子。

"我很重要"方案。学校的发展也包括教职员工的发展。学校要重视和制定员工发展方案，让员工感到"我很重要"，帮助其专业成长。"我很重要"方案包括：全体员工成长方案、全体员工培训方案、新员工适应性培训项目、代课教师沟通项目、学校与实习教师关系项目等。

合理化建议制度。合理化建议制度的实行需要学校管理者做到：专人管理、制度化并有组织机构、长期坚持、奖励形式多样化和多层化。

家访和集体娱乐形式。学校一般在离退休人员、在职员工发生特殊情况的时候使用这种沟通方式。如逢年过节、生病时对老人的探望；元旦、"十一"等重要节日全体员工的集体娱乐活动、会餐或旅游活动等。

校内公众关系的人际领导与沟通

形成学校的凝聚力，培育士气，首先是校长领导的责任和使命。下面主要从人际领导角度，论述校长与员工关系的培育和士气的形成。

在一定意义上说，校长能想多远，学校就走多远。描绘和传递愿景的领导力是形成学校团队士气及其凝聚力的重要因素。对校长的建议是：

写下愿景规划。校长试着用五分钟的时间表述学校的愿景规划：我的希望是什么？独特之处如何？学校十年后的规划如何？带来什么好处给大家？这些问题需要定期回顾和更新。

了解你的追随者。如果到一所新学校就职，你要尽快认识所有的员工。办法是：列出所有人在内的名单，尽快熟悉其背景资料；在合适的场合能够叫出所有人的名字；和每个人谈话；组成核心成员，经常与他们沟通。

扩展沟通技巧。校长要做语言和非语言技巧运用的行家。要语气肯定地说话，不说"力求怎么样"而是用"将要做什么"来表达你的信心。不说"但是"，而使用"对……而且……"的表达句式，因为"但是"会停止倾听，用"而且"就把肯定变成了补充。会调整指令：尽可能快地、清晰而不带责备地指出错误；解释错误的负面影响；如果可以，将过错归结于没有清楚地解释工作任务；详细地重新解释工作任务，并确保对方已完全理解；表达你对当事人仍然充满信任与信心。

11. 学校公共文化的实施

学校外部公共关系的联系

"学校外部环境"是指学校界限以外的教育行政单位及其政策、家长及社会对学校的态度、支持等情形，以及其他的社会制度、人员、权力关系、及价值观。从社会整体生活环境的观点而言，学校是属于社会功能体系的一环。由于学校多设在社会中，尤其是中小学，学生通常来自社会的家庭，社会为学校的外在环境，不仅提供学生校外生活的空间，也是实践学校价值的场所，因此，社会的类型、社会背景、人口结构、文化特质，均影响到学校的措施及其发展。学校与社会关系的建立主要途径有学校对家长及社会的了解、让家长及社会了解学校、学校对家长及社会的服务。

（1）学校对家长及社会的了解。

社会调查。调查的内容可包括社会居民的人口结构（如性别、年龄、教育程度、职业）、族群、宗教民俗、团体组织、领袖人物、权力结构、社会民众教育的观念，以及各种可利用的社会资源，并建立

社会资料库，以拟定学校与社会发展计划。拜访社会知名人士，社会的民意代表、各界知名人士都是社会的代表人物，也是整个社会的最有影响力的人之一，学校时常拜访这些重要人物，可获知社会民意的趋向。

电话或家庭访问。家长在教育过程中扮演一个关键性角色，良好的家长关系开始于频繁的、坦白的亲师沟通。学校教育人员应常利用电话和家庭访问等方式了解家长的想法。

参加社会活动。社会所举办的活动，如村庙会、社团活动或是社会总体营造活动等，都是和社会接触的良好机会。

不同教学内容。学校可运用不同教学的内容，设计教学活动，使教师及学生较有系统、深入的了解家乡与社会的地理、生活、民俗，有助社会关系的建立。

实地参访社会。学校教职员可利用文体活动或假日时间，亲自走访社会，接触社会人士及自然、社会环境，是为最直接、亲近、了解社会的方式。

（2）让家长及社会了解学校。

学校除了要了解家长及社会外，同时也必须让家长及社会了解学校，以使双方互动更密切，为了使家长及社会能了解学校，学校可利用学校网站、刊物、家庭联络簿、设置咨询服务专线、邀请社会人士参与学校活动等方式来进行。

网际网路。随着资讯科技的进步，网际网路的普及，现今各级学校都设有专属的网页，其无时空限制的特性，使它能随时提供学生、家长及社会民众的各项最新资讯，并且可随时利用电子邮件或电子留言板和公众作双向沟通。

学校刊物。学校出版刊物可以宣示学校的政策与目标，发挥学校政策认同功能。学校应定期出版各种刊物，如校刊、学校简介等，向社会介绍学校的办学理念、现况或活动。

家庭联络簿。学校教师可利用家庭联络簿，对学生在校表现及学校给家长的讯息进行传达，并获知家长的反应。

校务会议、教评会或课程发展委员会。根据高级中等以下学校教师评审委员会设置办法规定，家长代表可参与教评会；教育法规定家长学校应邀请家长代表参与校务会议，还有九年一贯课程发展委员会必须有家长代表参加。由此可知家长可借着参与学校正式会议的机会了解学校实际的运作情形。

成立家长会。学校应成立家长会，作为学校与家长的沟通桥梁。这是联系学校与全校家长事务的组织，由全体家长选举家长会代表（包括正副会长、家长委员），参与学校事务，并对学校校务运作提供各项的资源协助；家长会也可以是班级性的组织，使班级老师与家长间以及家长之间在孩童教育和生活轨道上有一个交流的管道，以促进亲师合作。

说明会或座谈会。学校可定期或不定期的举办学校教学或校务说明会或座谈会，如九年一贯课程的说明会、行政革新说明会，使家长与社会了解学校的教育理念和办学情况。

邀请家长及社会人士参与学校活动。学校举办的活动，例如运动会、学生才艺表演、各项展览、毕业典礼等，都可邀请家长及社会人士参加。

（3）学校对家长及社会的服务。

学校是社会文化教育的机构，更是社会主要人力（包含校长、教师、学生等）、物力（包含校园、运动场、图书馆、教室等）及知识资源（包含组织团体的知识、教育性的知识、人际关系的知识等）的集聚点。学校服务社会的方式有很多，如提供社会教育、协办社会活动、学生参与社会服务、开放学校场地供社会使用等。

提供社会教育。学校可开设社会成人研习课程、亲职教育讲座以及亲子活动等，运用学校人力、物力资源，推动适合社会居民需求的教育活动，这有助于提升学校与家长及社会人士的互动交流，并使学校成为社会教育中心。

学生参与社会服务。学生参与社会服务工作，例如社会环境的清洁、访问仁爱之家或安养院等，这不仅可使学生培养服务精神，还可以培养学生对社会的认同与爱护。

开放学校场地。开放学校场地，供社会民众使用，让民众于闲暇时从事有益身心健康之活动，可达资源共享的目的。

（4）学校将教育办好。

良好的学校教育品质是学校与家长及社会良好关系的关键因素。因为学校成立的主要目的就是办理教育，教育如果办理好，符合家长及社会的期望，就可赢得的好感及信赖，学校与家长及社会的关系自然会稳固。所以，学校应兼顾学生在德、智、体、群、美五育均衡发展，并且将每一个学生都带好。

学校内部公共关系的处理

一提到公共关系，许多人会不约而同地"向外看"，首先想到的是组织如何处理好与外界的关系，几乎把公共关系与外界关系画上了等号，这其实是一种误解，在欧美各国，专家们曾给公共关系下了一个通俗的定义：就是把组织内部的工作、关系做好，才能在社会公众间树立良好的形象。而学校单位也一样先须做好内部关系，才能"内结团结，外求发展"，假设内部关系做不好的话，可能会造成推动学校与社会关系之责任落在少数行政人员身上；学校所采取的行动步调不一致，成效相互抵触；由于缺乏内部沟通，学校成员对于正在进行的活动，或是计划中的措施一知半解，影响内部凝聚力；使家长与社会居民无所适从；以及当教职员工有良好的意见时，亦懒得提出。因此，任何学校组织都应重视内部的公关传播，以减少内部的矛盾冲突，培养和谐气氛，以提高学校的教育绩效。

（1）重视学校内部关系的理由。

为什么要重视学校内部共关系呢？

首先，学校与社会关系不是少数行政人员的责任，而是学校成员的共同责任，良好的学校内部互动关系，将有助于学校与社会关系责任之分享。

其次，健全学校内部关系有助于统整性方案的建立与推动。

其三，良好的内部沟通使成员的意见受到重视，增加成员的隶属感，是学校追求持续进步的动力。

其四，良好的学校内部关系有助于学校形成关怀的专业社会。

（2）学校内部公共关系的做法

首先是校长主动关怀及服务员工：校长应多利用机会实行"走动管理"，提高能见度，和部属沟通接触；对教职员个人的生活及工作主动关怀，了解部属的需求、想法；并且参加员工的婚丧喜庆活动，以使学校成员感受到认可与受尊重，增进成员隶属感。

其次是召开正式会议，交换意见及参与作决定：学校可利用各种会议（例如：校务会议、行政会议、课程发展会议、教师评审委员会等），说明各项计划与方案、讨论学校行政或教学事宜，并于必要时召开紧急会议，以增加成员参与校务和作决定的机会，促进意见的交流。

其三是进行非正式沟通：组织目标虽然重要，但是个人需求亦不容忽视，两者应达到动态平衡状态为佳。除了正式的会议或公事外，学校行政人员和成员间要有更多非正式沟通的机会，因为这是最自然而轻松的联络沟通的方式，可增进成员彼此间的交流，更能促进正式沟通的达成。

第四，利用书面文件或公告方式传达讯息：学校可定期或不定期的发行内部简讯、运用学校网页、电子邮件、公布栏等方式，将学校各项最新的资讯广泛告知每一个成员，以确保资讯流通。

第五，畅通"意见反映"管道：学校成员随时都可以对学校提出个人的意见，不论是善意的建言，或是负面的抱怨，都应有畅所欲言的机会，学校应设置"意见箱"、"（电子）留言板"、"电子信箱"等管道，让成员随时可以表达意见和需求，学校也应对问题迅速加以回应与处理。

第六，举办员工文体休闲活动：学校应时常举办员工联谊活动，如自强活动、游艺会、郊游等，不仅可调剂身心、舒解压力，亦可联络成员、眷属的感情。

第七，校长和行政人员在为人处事上要以身作则：对于学校相关的规定和工作的执行上对成员有要求时，也要同样要求，甚至更严格律己，要成员尊重自己，自己也要先尊重成员。

学校与媒体的联系

将学校的事情告诉社会，和媒体建立积极的关系是非常重要的，因为现今电视广播媒体普及，社会人士知道很多有关学校发生的事情，都是由媒体管道而来的。但是很不幸的，很多学校行政人员没有将和媒体的关系摆在优先的位置，之所以会如此，一个重要的原因是，学校对媒体没有信任，甚至是有敌意。很多学校认为报纸和电视记者只会扬恶隐善，过分强调教育的坏消息，而降低好消息的重要性。另一方面，媒体记者也时常抱怨教育人员太有防卫心以及不合作。因为有如此的不信任，一些学校主管相信和新闻界唯一的关系就是没有关系。研究认为学校面对媒体的心情是矛盾的，既期待又怕受伤害，期待的是媒体能为教育尽心力，主动关心学校与社会的关系，报道真正的事实；又害怕媒体尽挑负面消息报道，或扭曲事实，让学校受到不公平的对待，所以学校人员尽量不和媒体接触，或是站在被动的角色。但是少了良好的媒体关系，学校在开展公共关系上是有不利的影响的。因此，现今学校和媒体关系应该以积极沟通取代以往的消极逃避，以建立彼此间良好关系。

（1）了解当地新闻业和记者。

了解地方上各家教育记者的姓名、职责、权限，偏好的报道体裁，及截稿时间等事项，将有助于学校与记者联络上的方便，并且在新闻被扭曲或报道失真时，学校可以即时有效的处理。

（2）主动提供重要的教育讯息、新闻稿。

学校应该经常传送有新闻价值的教育讯息给媒体记者，而定期的将学校重大的消息用新闻稿的形式送给报社，这将可大大的增加学校消息被报道的机会。

（3）主动邀请媒体记者参加学校重要活动。

学校举办大型或特别的教育活动或研讨会时，学校应该主动邀请媒体记者参加、采访，并提供相关的资料给记者成为新闻的体裁。这不但可以提升公众对教育活动的兴趣，又可以推销学校的办学成效，塑造良好的形象。

（4）指定专人负责新闻之发布。

学校有必要指定一名新闻发言人与记者联络，发布新闻稿，提供可靠的消息及第一手资料，以避免讯息传递出差错，并可降低记者做扭曲事实报道。学校所发布的新闻稿是学校对外形象的一部分，所以除了发言内容必须慎重外，也必须注意文字的修饰。

（5）诚实、真诚和坦率的公布事实

对记者不要说"不予置评、无可奉告"等用语。假如一时不知道答案，学校应该试着去寻找，并且在截稿前给记者回复，以维护学校的信用。

（6）公平对待各媒体。

媒体记者最怕是遗漏重要的新闻，学校如有重大活动时，应邀请每位记者参加，以示公平，避免造成"独家新闻"的情况。学校与媒体关系建立的原则如能把握，媒体将成为学校办学绩效的宣传途径，如此可提升学校形象，建立公众对学校的信赖与好感。

学校公共关系是学校行政工作的一环，其目的在增进学校与公众间的相互了解，建立彼此的信赖、支持与合作的良好关系。与学校有关的公关分为内部公关和外部公关，要做好学校的公共关系，必须先办好学校教育，让学校成员认同学校，凝聚内部的团结和共识，建立内部的良好公共关系，则外部公共关系的建立就不难了。开展学校公共关系是学校全体成员共同的责任，需要重视和公众的双向沟通，事实与宣传并重，并且有计划、长期的努力，才能博得公众的信赖。在进行学校公共关系的运作过程中要先调查收集相关资料，拟订实施计划，展开执行行动，最后评估计划的成效并加以修正。实施学校公共关系的方法很多，一般常用的方法大多为运用大众媒体、出版学校刊物、家庭联络簿等非人际性的沟通以及办理各项活动，邀请家长与社会人士参与、家庭访问等面对面的人际沟通方式。书面及资讯上的沟通有其功效，但是面对面的沟通有时更能建立关系与获得支持。目前绝大多数学校尚未设置公共关系专责部门，大多数的专家指出校长是学校公共关系的推动核心，校长在社会中应扮演"良好关系者"角色，应积极与相关之公众进行双向沟通，建立学校与公众之间的和谐关系。

12. 学校形象塑造与公共文化

随着社会对教育事业发展需求的进一步提高，教育改革的不断深化，学校面临着整体提升办学质量和水平的挑战。求生存，求发展，是每所学校都面临的现实问题。无论城镇学校，还是农村学校，无论是基础较好的重点学校，还是基础较差的一般学校，都需要在竞争中巩固发扬自身优势，形成自己特色，使自己立于不败之地。都要思考在社会、公众中如何树立良好形象、最佳形象的问题，都要决策学校自主持续发展的问题。塑造学校形象，是推动学校自主发展的重要策略。它是用提升师生员工的整体素质来提升学校形象，用学校整体形象来增强学校的综合实力和竞争实力。良好的学校形象不仅可以为学校创造发展的契机，而且，还可以为学校增强教育能量，为学校改革与发展提供持久动力。

塑造学校形象是推进学校自主发展的必然要求

学校要适应现代化教育发展的需要，追求个性化的自主发展，就要认真分析社会、家长的需要，学校现实的优势条件，重新审视原有的办学思路和办学思想，确立新的办学思想和发展策略。学校形象是我们必须认真关注和加以塑造的。

（1）社会发展，要求学校必须有良好的形象。

现代社会的发展对学校教育提出了更新、更高的要求。面对日趋激烈的竞争形势和社会的飞速变革，社会对学校教育的认识也在发生变化，家长由注重学生的升学考试，到追求学生的全面发展、个性发展，特长发展；由只需满足学生学习知识的基本需要，到注重学校的育人环境，形象特色。因此，社会家长在评价学校，选择学校的时候，学校形象会在他们心中占有很大的分量。良好的学校形象会使学校在家长心目产生积极的心理倾向，会增大对学校的信任度和美誉度。

（2）塑造学校形象有助于学校发挥内部优势。

塑造学校形象要以现代教育思想和管理理念为指导，决策规范学校发展。在塑造学校形象过程中，首先要分析学校在所处的现实的环境和条件、可利用的资源优势、社会需求等，进而规划设计学校的发展思路，明确办学思想和目标。有了明确的办学指导思想和目标，就可以凝聚大家的智慧，心往一处想，劲儿往一处使，上下同心，推动学校的发展。其次，塑造学校形象的实施过程中要整合优化学校资源，打造学校文化环境，规范师生言行，调动一切可以调动的积极因素，充分发挥学校内部的各种优势，从而促进学校各项工作的整体优化，促进学校向前发展。

（3）塑造学校形象有助于形成学校发展的外部优势。

现代教育是一个开放的充满竞争的体系。任何学校的发展都离不开它所处的社会环境，离不开外界的支持。良好的学校形象，往往能够获得社会的认可和政府的支持。获得社会认可的学校生源充裕，筹措资金方便，优秀人才纷至沓来，学校发展蒸蒸日上。学校形象的塑造，可以提高学校的质量和声誉，扩大对社会的影响，从而引起社会各界对学校更加广泛的关注、理解和支持。好的外部环境，可以有力地推动学校发展。

塑造学校形象是推动学校自主发展的过程

（1）明确学校发展的目标与思路。

学校形象是各构成要素的有机组合，是学校校风、教风、学风的集中体现，是学校文化、学校精神的结晶。塑造学校形象的根本目的是促进学校发展。为推动学校的发展，就要重新审视学校原有的办学思想，客观分析现有各种资源的优势、劣势，找准学校的发展目标，确立新的办学理念和思想。我校是一所平原农村学校。长期以来，学校管理松散，办学基础差，在社会上声誉不佳。这样的一所学校，如何走出困境，如何求得发展？我们在认真分析学校现状及主客观因素的基础上，确立了"外塑形象，内强素质；求真务实，追求卓越；全面发展，办有特色"的总体工作思路。明确了"规范学校管理，改造学校环境"的工作目标。在实施塑造学校形象过程中，我们找到了学校发展的突破口，明确了学校发展的指导思想。使学校各项工作和面貌在短短的一年中就发生了翻天覆地的变化，在社会上产生了积极的影响。

（2）建章立制，提高学校规范化管理水平。

学校组织形象是学校形象重要的构成要素之一。一个学校有没有发展，在社会上有没有美誉度、信任度，很大程度上取决于学校内部管理，也就是学校的组织形象。针对学校管理涣散的问题，我们下大力气狠抓学校的规范管理，完善学校的各项规章制度，建立评价奖惩机制。通过制度规范师生言行，培养文明习惯，改变工作作风。在实实在在的工作中，我们逐步树立起了良好的干部形象、教师形象、学生形象，也使我们学校形象得到了改观。

（3）凝聚人心，提高教师队伍素质水平。

学校形象可以对师生员工起到教育、凝聚、激励作用。学校形象中所体现的办学理念、价值目标、行为方式以及文化氛围，无疑都会对师生员工的精神世界起找着无形的陶冶和有形的教育作用。良好的学校形象能够强化学校内部的凝聚力，使教职员工和学生能够自觉地实现与学校的心理认同，从而能够加强学校的向心力，有利于学校内部的团结统一；良好的学校形象还能够强化学校内部的行为规范，对师生形成一定的约束力，从而有助于形成良好、健康的学校群体氛围，有利于加强学校的管理。通过制定规范教师形象要求，可以促进教师严格自律，加强学习，提高自身素质和职业道德修养。

（4）设计展示学校形象，推动学校发展。

塑造学校形象，还必须重视学校外部形象的设计和学校形象的宣传。学校形象的设计，首先要培育校园文化，提高学校环境的文化品位。校园文化的建设要充分体现教育性、艺术性和个性相结合的原则，努力做到教育性与个性的完美结合。其次，加强学校视觉识别系统的建设，如校徽、校旗、校歌、校服、标准色等，提高学校美誉度。再次，是学校的建筑布局和环境布置。学校的建筑布局体现一所学校的审美价值，浑然一体的建筑风格也能起到形象识别的作用。学校环境的布置是基于学习的基本设施用绿化美化去体现学校的精神追求。如报刊栏、主题雕塑、教室办公室的陈设等无不体现着学校的审美追求和精神风貌。学校形象的塑造，还必须通过各种形式和手段来宣传展示，如家长会、公益活动、传播媒介等，扩大学校的影响力，放大学校的知名度，使学校的办学得到社会民众的支持和帮助，从而推动学校健康的发展。

塑造学校形象推进学校发展的出路之一

（1）分析社会需求及学校发展的需要，确定思路。

　　塑造学校形象要结合本地区社会发展的需要和学校发展需要，因时因地来确立。因为学校与社会有着千丝万缕的联系，在这种互动的状态中，要深入分析社会和家长正在发生的教育需求变化。塑造何种学校形象，如何塑造？都要受到本地区经济、社会发展的制约，都要受到学校本身基础的制约。学校形象的塑造既要符合本地区社会对教育的需求，又要符合学校实际发展的需要。

　　（2）围绕目标，精心策划组织。

　　塑造学校形象是一个系统工程。学校形象本身是多种要素构成的集合体，是学校综合势力和整体面貌的体现。这里既包括内在的，又包括外在的。因此，在塑造学校形象过程中，要以学校发展的目标和总体思路为核心，围绕核心，制定周密的计划，并精心组织实施。

　　（3）广泛发动，师生共同参与。

　　学校形象塑造，是一个全员参与的过程。从制定计划，到实施落实，都需要学校师生员工的共同参与。只有大家共同努力，才能树立起良好的学校形象，也才能真正起到推进学校自主发展的作用。

　　（4）确定重点，分阶段实施。

　　根据学校基础及实际发展的需要，塑造学校形象，要分阶段，分步骤实施。比如学校还处于需要规范阶段，那么实施重点就要以规范树形象。在规范的过程中创出特色，那就要以特色立形象。

　　（5）密切联系社会，强化对社会的服务功能。

　　良好的学校形象是宝贵的无形资产。学校形象好，容易获得学校成员的认同、家长的信任、社会的支持，可以优化、拓展学校生存、发展的空间，赢得更多的发展机遇。学校有教育和服务的功能，教育的目的还是要为社会服务。所以，学校发展要依托社会，依托社区，密切和社会的联系。学校发展要建立在服务学生、服务家长、服务社会的思想基础上。当社会家长真正看到学校为他们带来益处的时候，人们会热情地支持学校发展的。

13. 学校形象塑造与自身发展

学校形象管理是现代学校经营的重要内容之一。

随着我国社会主义市场经济体制的建立，在市场运作和企业管理过程中，无形资产的概念逐步为人们所接受。所谓无形资产，一般是指由特定主体控制的，不具有独立实体，能对生产经营和服务持续发挥作用并能带来经济利益的一切经济资源。在激烈的市场竞争中，企业所依托的除了机器、厂房、资金等固有资产之外，无形资产对于企业运行的作用越来越明显，它在企业资产中所占的比重也越来越大，成为关系到企业生存和发展的重要资源。

企业管理的成功经验对于学校管理无疑具有借鉴作用。但是，长期以来，在我国学校管理的实践和研究中，人们往往关注学校的人事、财务、教学、学生等行政事务的管理，而对学校的声誉、社会影响等却重视不够，认为它们不属于学校管理的范畴。如果借用企业无形资产的观念来分析学校的运行过程，可以发现学校办学过程中的许多东西都与无形资产有关。如学校的名称、专用标志、特许招生权、特殊的教学方法和教学技术的创立、编写的书籍和数据的知识产权、大师和名生的社会影响力等，这些都是学校经过长期的历史积淀而形成的，都是学校宝贵的无形资产。从学校与社会的关系来看，学校无形资产构成特定的学校形象，因此，加强对学校形象的研究和管理，理应成为现代学校经营的重要内容之一。

学校形象管理提出的社会背景

当前，在学校管理研究中，提出学校形象管理问题，并不仅仅是对企业管理方法的简单借用，而是有着深刻的社会历史原因。

（1）加强学校形象管理是我国教育管理体制转换的必然产物。在我国实行单一的计划经济的时代，教育部门长期以来是国家计划重点控制的部门之一，学校的招生、学生的分配、教职工的选配、教育经费的调拨、学校的建设等，均由教育行政部门按照国家指令性计划统一安排，学校没有丝毫的自主权。这时的学校就如同国家教育大工厂中的一个车间，校长如同车间主任，学校的任务就是按照国家计划的要求，对一个个人才的"毛坯"进行加工，学校关注的是"加工"的过程是否符合国家规范，至于"原料"的来源、资金的筹措、加工好的"产品"是否符合社会需要等，均不在学校的考虑之列。学校管理在一定程度上与社会隔绝，主要进行相对封闭的内部管理，校长的任务是使学校内部的运行规范有序，而学校的发展主要取决于国家计划，取决于上级教育行政主管部门对学校工作的支持程度。因此，这种情况下，学校领导对外开拓的工作重心在于搞好与上级教育行政主管部门的关系，尽可能多地获取他们对学校工作的支持，至于学校形象如何对于学校发展的意义不大，学校也没有进行形象建设的现实需要。

教育是推动社会进步和经济发展的重要因素，教育的发展与社会和经济发展密切相关。在我国社会主义市场经济体制逐步建立的过程中，建立与社会主义市场经济相适应的教育管理体制已成为教育界的共识。教育是一种投资行为，教育发展要在一定程度上引入市场机制，通过市场调节手段对教育资源进行重新配置，这些观念逐步为社会各界所认可。在新形势下，我国教育管理体制开始发生重大变化。《面向 21 世纪教育振兴行动计划》指出：要"认真贯彻国务院对于社会力量办学实行'积极鼓励，大力支持，正确引导，加强管理'的方针，今后 3 至 5 年，基本形成以政府办学为主体、社会各界共同参与、公办学校与民办学校共同发展的办学体制"。《中共中央国务院关于深化教育改革全面推进素质教育的决定》对我国教育体制改革进行了全面规划，明确规定要进一步扩大地方和学校的办学自主权，要"进一步解放思想、转变观念，积极鼓励和支持社会力量以多种形式办学，满足人民群众日益增长的教育需求，形成以政府办学为主体、公办学校和民办学校共同发展的格局。凡符合国家法律法规的办学形式，均可大胆试验。在发展民办教育方面迈出更大的步伐。……要因地制宜制定优惠政策（如土地优惠使用、免征配套费等），支持社会力量办

学"。这些政策措施的实行，使计划经济时代单一的政府办学体制发生变化，社会各界拥有了办教育的权力，办学的积极性空前高涨，企业办学、社会团体办学、中外合作办学，以至于私人办学等现象越来越普遍，民办学校、民办公助等各种形式的学校越来越多，呈现出百花齐放的办学局面。这表明，国家正在更多地运用市场调节的措施来进行教育管理。在这样的时代背景下，学校管理必然由内部延伸到外部，必然要学习和运用市场经济的手段来管理学校、参与教育市场的竞争，学校形象管理的需要也就应运而生。

（2）加强学校形象管理是学校管理方式变化的必然结果。

教育管理体制的改革，必然出现学校投资管道的多元化。我国是穷国办大教育，国家不可能提供充裕的教育经费，经费不足一直是制约学校发展的重要因素。由于国家鼓励社会各界投资办教育，教育的投资管道由单一的政府投资开始向多元化的方向发展，这就为长期困扰学校的经费问题提供了解决的途径。民办学校的办学资金由社会各界自主筹措，合作办学的学校原则由合作方共同出资，即使是公办学校，除了政府投资之外，也千方百计地寻求社会资金的资助，用于弥补国家下拨的教育经费缺口，以维持学校的正常运转，或用于学校建

设和提高教职工的福利待遇。因此，各种类型的学校都使出浑身解数极力向社会筹集资金，争取社会资助也就成为学校发展的必要条件和评价学校领导工作的重要指标之一。

资金来源的变化必然带来学校管理方式的变化，因为参与管理是投资方的基本权力之一。目前，公办学校的管理虽然还是以教育行政部门管理为主，但也出现了一些新的变化。如《教育法》明确规定：学校校长是学校的法人，有独立的办学自主权，尽管这在现实中尚未到位，但向此方向发展的趋势是显而易见的。民办学校的管理方式多样，企业投资办多受企业化管理方式的影响，合资办学则董事会在学校管理中起着重要的作用。这些新情况的出现，使得计划经济体制下传统意义上的学校管理发生了新的变化，学校的行政、教学、财务管理等都出现许多新的变化，迫使人们更多地研究、选择新的适应市场经济体制需要的学校管理方式。

（3）加强学校形象管理是学校办学过程公开化的必要举措。

由于办学体制和投资主体的变化，社会各界或作为投资者或作为教育服务的购买者，自然具有对学校办学情况进行监督的权力，因而对学校办学过程的关注和参与的程度日益加深。由于计划生育政策的实行，现在的学生大多为独生子女，家长对子女的教育问题均十分重视，参与学校内部事务的意识非常强烈。而且，由于现代传媒技术的发展，社会信息的流通更加迅捷，教育作为社会关注的热点问题，学校办学过程中的各种事件就成为各类新闻媒体报道的重点，关于教育的新闻在各类媒体中比比皆是。这就使得学校的办学活动由相对封闭走向公开化，学校越来越处于整个社会的监督之下办学。

社会化的办学必然导致教育质量评价的社会化。在计划经济时代，学校的教育质量主要由教育行政部门来评价。随着我国教育体制改革和人事制度改革的深入，除了义务教育阶段和普通高中之外，其他各种类型的学校现在基本都实行缴费上学、自主择业，国家不包毕业分配，学生毕业后直接进入人才市场寻找就业岗位。学校直接面向社会、面向人才市场，学校的教育质量必须接受社会的检验，必须通过学生的就业状况来衡量。对学生今后就业的关注也直接延伸到义务教育阶段和普通高中，对其教育质量的评价也逐步社会化。而且，随着素质教育的全面推行和基础教育课程改革的深入发展，对学校教育质量的评价指标也逐步由单一走向多样，学校的评价问题更加复杂化。

综上所述，我国教育管理体制的变化使得学校由原来的教育行政部门的附庸或下属单位，越来越成为面向社会、自主办学的法人实体；学校办学环境的变化给学校造成了极大的生存压力，迫使学校顺应形势，积极引入市场经济中行之有效的运作方式来加强学校的管理。因此，进行学校形象管理，已成为教育竞争日趋激烈过程中学校一种必然的战略选择。

学校形象构成及其管理举要

形象是一个在现代社会生活中频频被人提及的概念。什么是形象？《现代汉语词典》指出：形象"是能引起人的思想或感情活动的具体形状或姿态"。我们认为，这仅是对形象的一种静态解释。如果从动态的角度：从人们对形象认识的过程来看，任何认识活动都是认识主体和客体相互作用的结果，因此，我们应该从主客体统一的角度把握学校形象的概念。一方面，形象不会凭空产生，形象总是源于认识客体"具体的形状或姿态"，学校形象源于学校自身的表现，良好的学校形象有赖于学校良好的工作；另一方面，形象的确定离不开认识主体，形象是认识主体对客体的表现和特征的评价和反映，社会公众往往是学校形象的评定者，良好的学校形象必须建立在社会公众认可的基础之上。由此我们可以将学校形象定义为：学校的表现和特征在社会公众心目中的反映，是社会公众对学校的总体评价。

如果从学校自身分析，学校形象的构成要素可概括为"校风"和"校貌"两个方面。

"校风"是一所学校在长期办学过程中形成的内在的特征和风格，是学校形象的"软件"部分，主要内容包括：

学校理念。理念是理想化、系统化的并具有相对稳定性和延续性的认识、理想和观念体系。学校理念则是关于为什么办学校、如何办学校的思想观念，它反映学校特有的价值观，影响着学校的发展方向、办学目标、学校特色等。学校理念有层次之分，不同类型的学校有不同的办学理念。如有的大学提出了"学术自由"、"大学自治"等办学理念；中小学提出的办学理念有"创新教育理念"、"全人教育理念"等。长期以来，我国中小学往往用"一训（校训）、三风（校风、教风、学风）、一思想（办学思想）"代替学校理念，在具体表述中存在着内容的同质化、片面性和空泛化的倾向，或反映时代政治特点，如20世纪80年代的"求实"、"进取"，90年代的"开拓"、"创新"，当前的"与时俱进"等；或来自教育口号，如"素质教育"、"以学生为本"等。由此造成的学校理念的认识模糊和学校办学的价值缺位，严重影响学校的发展。

学校精神。学校精神是学校所追求的一种精神风貌，是学校理念和办学宗旨的集中体现，往往用简短的语言来表述，以校训的形式来表现。如北京师范大学的校训为"学为人师，行为世范"，清华大学的校训为"自强不息，厚德载物"等。由于校训用简练的语言反映出学校的精神风貌，因而制定出能反映自己学校特色的校训也就受到各级各类学校的高度重视。李岚清同志曾指出，要以校训为核心，推动学校的精神文明建设和校园文化建设。同时，学校精神也是学校在长期办学过程中凝聚而成的，一旦形成就具有相对稳定性并为广大公众所认可，从而产生极大的社会影响。如人们在评价中国著名大学办学特色时，往往用"北大的创新、清华的严谨、南开的笃实、浙大的坚韧"来描述。还有人提出"北大的精神，在于前进，在于自新，在于涵容，在于博大"等。

学校的办学目标和办学方针。学校的办学目标指学校培养人才所特有的种类、层次、规格和要求，是学校理念的具体体现，是将学校办成什么样子的一种构想和规划。学校的办学方针则是办学目标进入具体实施层面后的显现，是实现办学构想和规划的政策和策略。一般而言，学校的办学目标和办学方针应该定位在贯彻国家的教育方针，把培养合格的人才作为学校的办学宗旨，能够按照素质教育的要求，把全面提高学生的素质放在学校各项工作的首位。但是，各所学校在具体确定时，应根据学校的类型和自身的特色，如上海世界外国语小学确定的办学方针是培养 21 世纪的国际型人才，其综合素质为"有教养的、有竞争力的、国际型的"，围绕这一办学目标确定了一系列具体的办学方针。

学校凝聚力。即学校内部形成了为大多数人所认可的正确的价值观念，教职员工和学生都具有较强的归属感，能够真正把自己当作学校的一员，自觉地实现与学校的心理认同。学校凝聚力反映的是学校内部关系的协调状况，也就是学校成员之间的团结情况，它是学校运行和发展的基础，只有内部关系协调、成员团结一致的学校，才能更好地求得向外拓展。

学校的服务风格。即学校内部机构和工作人员的服务态度和服务效率，是否能够本着全心全意为学生服务的精神，办事认真负责，工作讲究效率，不推诿拖拉，及时为校内外公众服务。

"校貌"是一所学校外在的特征和风格，是学校形象的"硬件"部分，主要内容包括：

学校的办学实力。即学校教师队伍的学历、年龄、知识结构和教学、科研功力，学校管理人员的情况和管理水平，学校的教学用房、教学设备的配备是否齐全、先进，学校在与同类型学校相比时所处的地位等。

学校的办学环境。即学校的校园环境是否达到绿化和美化的要求，学校建筑物的布局和教学用房的装饰是否合理、美观等。除此之外，还应注意学校环境布置的特色和教育功能，使学生能够在优美的环境中受到良好的教育。

学校的标志。即学校的校旗、校徽、校歌、校服的情况，学校是否有自己独特的色彩、独特的标志和独特的用品等。如1939年，陶行知先生亲自设计了重庆育才学校的校徽，并对校徽中的三个连锁的红血轮解释为：它们代表着有生命的学校、有生命的世界、有生命的历史都连成一体；第一个圆圈代表全校一体，第二个圆圈代表世界一体，第三个圆圈代表古今一体。还代表：智、仁、勇；真、善、美；工、学、团；教、学、做；自然、劳动、社会；头脑、双手、机器；迎接困难、分析困难、解决困难；认识社会、适应社会、改造社会；检讨过去、把握现在、创造未来；肯定、否定、否定之否定……再如上海敬业中学的校歌是："敬业乐群，古训昭明，敬以治事，业以立身。华夏大地，皆有我生，尽心尽职，为国为民。凡我学子，幼学壮行，敬爱师友，崇尚真理。唯严唯诚，勤勉奋进，敬之敬之，日新又新。"不仅读来琅琅上口，而且充分反映了学校的办学理念和精神。

学校教职员工和学生的行为规范。即教职员工和学生能否做到着装整洁，仪表落落大方，教师为人师表，学生日常行为规范、礼貌等。

学校形象的"软件"和"硬件"是互相联系、相辅相成的。校貌作为学校外在的特征，风格鲜明、直观，是学校给外界的"第一印象"，能够使公众迅速了解学校的特色，产生直接的感性认识。但是，这种感性认识往往是肤浅的，它对公众的影响仅仅限于知觉的层面，影响力十分有限。校风作为内在的特征和风格则比较含蓄，对公众的影响比较缓慢，但在一定意义上，它是外在的特征和风格的依据，决定着其走向，并能深层次地影响公众的情感和态度，影响力十分深远。因此，我们在塑造学校形象时，二者不可偏废，尤其应该把重点放在"软件"建设，即良好的校风的塑造上。

如果从公众评价的角度分析，学校形象的构成要素可以概括为知名度和美誉度两个方面。

知名度指一所学校为公众所知晓、了解的程度，它是衡量学校形象的量的指标，是评价学校名气大小的客观尺度。知名度反映学校的活动领域和影响范围，它当然与学校的办学范围有关，但更与学校的社会影响力紧密相连。一所著名的学校必然具有较大的社会知名度。例如提起上海中学，人们就知道这是一所在上海市甚至在全国都很有名的重点中学；而一些名不见经传的学校，其知晓范围就非常有限，可能仅仅限于某一小区的公众。

美誉度指一所学校获得公众信任、赞许的程度，它是衡量学校形象的质的指标，是评价学校社会影响好坏程度的指标，反映了社会公众对学校喜爱的程度。学校作为一个办学主体，其任何行为都会产生一定的社会影响，都会带来一定的社会评价。美誉度是学校形象的重要组成部分，人们往往通过一定的社会评价来决定对学校的态度。

知名度和美誉度共同构成学校形象的公众评价指标体系。其中，知名度反映学校影响力的大小，但其本身只是一个中性的评价指标，与学校的美誉度不一定成正比，也就是说，学校的知名度高但公众对其评价并不一定就好，在特殊情况下甚至会出现知名度与美誉度成反比的现象。例如学校发生意外事件被新闻媒介曝光后，学校的知名度是扩大了，但这只是"臭名远扬"，反而影响学校形象。美誉度则涉及价值评价的范畴，对于树立学校形象具有十分重要的意义。虽然学校的知名度低对其评价并不一定就差，在一定范围之内学校也可能赢得较高的美誉度，但是，如果有了较高的美誉度，而没有相应的知名度，学校的影响范围有限，其形象也不可能是完美的。因此，加强学校形象管理，必须把提高知名度和美誉度作为共同的追求目标。

学校形象管理对学校发展的意义

随着我国教育管理体制的转轨，学校将越来越多地参与教育市场的竞争，能否通过教育市场获得更多的教育资源，对于学校发展意义重大。在这样的形势下，学校形象已成为学校进入教育市场时最重要的无形资产。它在学校运行和发展的过程中，能发挥特殊的功能、产生特殊的作用，从而推动或阻碍学校的发展。一般而言，其功能用主要表现在：

一方面，从学校内部来看，良好的学校形象能够强化学校内部的凝聚力，使教职员工和学生能够自觉地实现与学校的心理认同，从而能够增强学校的向心力，有利于学校内部的团结统一；良好的学校形象还能够强化学校内部的行为规范，对师生形成一定的约束力，从而有助于形成良好的、健康的学校群体氛围，有利于加强学校的管理。可见，良好的学校形象对于学校内部环境的优化能够起到重要的作用，这也是学校内求团结、内部关系和谐的必然要求。只有内部团结的组织才能更好地对外发展，因此，良好的学校形象也是学校健康运行和对外拓展的基础。

另一方面，从学校与外界的关系来看，学校的运行和发展离不开外部的支持，而具有良好形象的学校则往往能够获得社会的认可和政府的支持。获得社会认可的学校生源充裕，筹措资金方便，优秀人才趋之若鹜，学校发展蒸蒸日上；反之，则学校招生时门可罗雀，办学资金无法筹措，优秀人才难以留住，学校陷入发展的泥沼中而无力自拔。而且，在我国现在的条件下，国家依然是最大的办学主体，获得政府的支持就能使学校得到更多的政策方面的优惠和资金的扶持，就可以为学校的发展创造一个良好的外部环境，对学校的发展十分有利。当前，在教育逐步走向市场的形势下，外部环境的优化在一定程度上对于学校的生存和发展更加具有直接的、决定性的意义。因为，在市场经济条件下，经济资源总是受着价值规律的驱使，向最能发挥其作用、能够取得最大经济效益的地方集中，教育市场的资源配置同样如此。良好的学校形象如同一面旗帜，如同教育资源的吸收器，能够使教育资源源源不断地流入学校，从而使学校在教育市场的竞争中处于十分有利的地位。

学校形象对于学校的发展具有十分重要的意义，但是，在现实生活中，人们往往对学校形象建设的重要性认识不足，学校形象资源被忽视，被任意挪用的情况比比皆是。例如，20世纪90年代中期，媒体报道说同济大学作过一次小型调查，仅在上海的杨浦区，以"同济"为名的公司、企业和社会组织就达200多家，所涉及的行业颇为齐全，既有建筑设计单位，也有百货公司、理发铺、饮食摊等。针对这种现象，许多专家认为，著名高校的校名是其无形资产的重要组成部分，由于国家多年来的大量投资，以及高校自身特有的文明程度和在国内外的影响，高校名称的含金量很高，当其进入生产领域时就会成为珍贵的商誉。因此，校名的无形资产亟需得到保护。近几年，学校无形资产的问题开始引起人们的重视，如2001年11月，中国科技大学知识产权管理办公室就校名中英文简称"中科大"、"科技大"、"科大"、"USTC"、"CUST"等在教育服务类、科技服务类提出9件商标注册申请，并已全部被国家商标局受理。北京第四中学是一所具有较高社会声誉的学校，也对自己的校名进行了商标注册。这表明校名作为学校品牌的象征，其巨大的社会价值和经济价值已经开始引起人们的重视。但是，从总体上看，学校形象管理仍是一块待开垦的处女地，尚未引起我国中小学管理者的高度重视，更没有做到在学校的运营过程中，有意识地保护并运作好这一重要的无形资产，以推动学校的进一步发展。

14. 学校教职员工文化管理

教职员工是学校教育教学工作的主力军，学校教书育人的重担大部分落在他们的肩上。他们既是学校教育教学工作的中心人物，又是开展对外公共关系的依靠力量。创设和谐的学校内部关系，才能更好地调动教职员工的积极性，进而通过他们搞好对学生和对外部的公共关系。对教职员工的公共关系要着眼于以下几个方面：

搞好学校中非正式团体的关系

学校非正式团体的存在是不容置疑的事实，对此学校领导要端正认识，正确看待。有的非正式团体与学校目标相抵触，有的则有利于学校目标的实现，学校应区别对待。要将其可能产生的积极作用发挥出来，要尽量减少其消极作用。非正式团体中往往有一些作为代言人并敢于挺身而出的"意见领袖"，他们在非正式团体中有较大影响，学校领导要与这些人保持联系，要尊重他们，在一些重要问题上要诚恳地听取他们的意见，并要求他们配合做好工作。

关心教职员工生活

人有两类需求：一类是精神需求；一类是物质需求。精神需求对教师来说，固然重要，但物质需求却也必不可少。学校领导在对教师精神需求进行正确引导的同时，要力所能及地解决好工资收入和福利待遇问题，要把教职员工的冷暖时刻放在心上，使教职员工感到自己在被关心、被体贴。

及时通报情况

教职员工对学校工作非常关心，一般都有希望了解学校发展情况和现状的要求。如果情况不能及时得到沟通，就可能产生一些猜测，以致出现一些给学校带来混乱的小道消息。学校要避免损害与内部公众关系的一类事件发生，就应经常向教职员工通报情况。学校的校长室、办公室、教务处、总务处等管理部门应通过开会、墙报、报刊、内部通讯、员工手册、海报、财务报告等传播媒介及时地、真实地向教职员工通报学校的现状、政策宗旨、措施决定等内容，尽量地做到校务公开，而且让教职员工充分发表对学校的意见、看法，做到与教职员工能双向沟通。

培养教职员工的归属感

归属感是指组织成员对组织目标的认同，确认自己是组织的一员，愿为实现组织目标而奋斗的一种心理体验。学校要特别注重培养教职员工的归属感。可以通过组织各种活动形成组织气氛，使教职员工感到有必要为实现学校的目标任务、维护学校的传统和声誉而努力。举办活动是开展公共关系的有效途径，通过活动来扩大影响、联络感情是学校搞好对教职员工公共关系的比较理想的方式，如，逢年过节、周年庆典，举办全体成员聚会、舞会等文体活动以联络感情；参加一些社会活动和各种文化比赛、学科竞赛、公益劳动，让教职员工以学校主人的身份领导、参加这些活动，发挥教职员工的聪明才智，引导他们参与学校管理，以增强其主人翁意识；通过校史展览和成就展览，通过新闻媒介的广告、新闻和学生的口头义务广告加以宣传，扩大学校的知名度和美誉度等等，以增强教职员工的自豪感、归属感。

15. 学校学生文化管理

在学校内部公众中，学生是最庞大的公众群体。对学生公共关系的管理是学校公共关系管理中的重要内容。对学生的良好公共关系不仅起着团结学生的作用，而且起着教育学生的作用，它能促进学生对社会的积极理解，也能帮助学生学会与人合作、交往，学会待人接物，同时对学生的良好公共关系也是学校对社区、对学生家长开展公共关系工作最主要、最广泛、最经常的力量。对学生的公共关系管理主要应注重以下几点：

建立良好的师生关系

师生关系是教师和学生在教育教学过程中建立起来的。师生关系，一方面满足了师生交往的需要，另一方面，它会产生一种巨大的看不见的教育力量。它可以增强学生对教师的信赖感和对学校的向心力，使学生愿意接受教师传授的知识和价值观念，使教育教学过程带上愉快的色彩。与某一学科教师有良好关系的学生，对该学科的学习兴趣浓，学习主动，学习效果也好。建立良好的师生关系关键在于教师，要求教师有高尚的职业道德，公正对待每一个学生，尊重学生人格，了解和重视他们的要求，平易近人，积极开展正面教育，抓住学生特点因材施教。

尊重学生权利

学生是学校的主人，是自我教育的主体，他们有自己的思想、行为和权利。学生的主要权利有：在教师指导下，自主组织活动的权利；参与学校一些学习和生活制度管理的权利；对学校的教育教学、后勤、图书资料管理等提出意见的权利，等等。学生将这些权利看得很神圣，迫切需要教师尊重他们。尊重他们的权利，会促进他们对学校工作的理解、认同、尊重，使他们能尊重教师的劳动，增强他们的独立性，提高他们自我教育的积极性。

培养学生的公关才能

随着社会的发展，公共关系已深入到各行各业，对组织、个人的发展有着越来越重要的影响。学校作为培养人、教育人的组织，理所当然应有计划、有目的地培养学生的公关才能。学生具备一定的公关能力，不仅有助于学生与教师、与学生之间建立良好的公共关系，而且是学校对外公共关系的力量。学生是学校数量最大的内部公众，与外界有着非常广泛的联系，如学生具备了一定的公关能力，就会形成无与伦比的公关力量，只要学生有爱校情感，这巨大的、无与伦比的公关力量就会极大地提高学校的声誉和形象，扩大学校的影响力和向心力。

16. 学校对校友文化的管理

校友是指从这所学校毕业或曾在这所学校接受过教育的一类学生，他们是学校特殊的一类外部公众。绝大多数校友对母校怀有深厚的感情，时刻关注母校的发展变化。很多校友，尤其是那些在事业上已取得成就的校友，迫切希望为母校的建设、发展出力。搞好对校友的公共关系无疑对学校的发展具有重要意义。对校友的公共关系应做好以下几点：

组织举办各种活动

学校可以利用各种合适的机会组织举办各种类型的校友联谊会，还可以通过编制校友通讯录，寄送校刊、校报等方式通报情况。这样，就能更好地使学校与校友、校友与校友之间增强联系，加深感情，也使校友看到母校的成绩，增强自豪感。

积极宣传校友的事迹

学校应注重收集校友的信息，应认真将那些在校表现较好，毕业后成绩突出，知名度较高，为国家、母校做出较大贡献的校友的事迹整理出来，在社会上、校友之间、在校学生之间进行宣传，也可邀请校友中的知名人士、英雄模范、专家学者到学校做报告等，这同样可以强化学校与校友、校友和校友之间的深厚感情。

组织好校庆活动

校庆是校友返校、共叙旧情、共商学校发展大计的绝好时机，也给广大校友提供了一个报效母校的机会，学校要认真组织，达到搞好关系、振奋人心、争取支援的目的。在校庆组织接待中要以情为重，防止重钱轻情。对校友要真诚接待，要公平对待，不能只欢迎、宣传那些"大款"而忽略其他校友，也不能只向校友伸手索取而对校友的事不闻不问、漠不关心，真情是建立在双方彼此真诚关怀的基础上，要让校友真切地感受到母校的深情厚谊。

17. 学校对媒介文化的管理

媒介泛指社会上的新闻机构和工具，主要包括报纸、广播、电视、通讯社、网络等。学校与社会发生联系的主要渠道就是新闻媒介。

新闻界的公众包括记者、编辑、节目主持人等。这类公众对于学校来说，具有双重意义：一方面，他们是实现公共关系目标的重要媒介；另一方面，他们又是学校必须努力争取的公众，也是一种必须厚待的特殊公众。对于这些公众，学校不能只从利用对方出发，而首先应与他们交朋友，从为帮助对方完成采访任务来考虑，了解他们的职业特点，尊重他们的个性和人格，熟悉与他们交往的原则和方法，及时向他们提供报道线索，提供有价值的新闻素材，配合和协助他们完成宣传任务。只有这样，才能保持与媒介的良好关系，才能取得它们对学校工作的极大支持，在学校荣誉、知名度、影响力等方面为学校树立美好形象，营造对学校发展极为有利的舆论。